14年勤めた会社をやめて"働く""生きる"を聞いてきた。

内間健友

ボーダーインク

はじめに——なぜ僕が仕事を辞めて、そして沖縄の輝く人へインタビューすることになったのか

丸14年勤めた会社を、僕は辞めた。ちょうど38歳のことだった。

勤め先は地元沖縄の新聞社で、僕が社会人になってすぐに働き始めた会社である。

そこでは長い期間を記者として過ごした。仕事は忙しく、要領が悪かった僕は、毎日が一杯一杯で苦しかった。それでも、自由な社風と、頑張れば頑張るだけすぐに結果となって現れる仕事内容に、充実感さえ抱いていた。だが、そんな中、迷いが生じた。ここにはない違う人生が自分にはあるのではないか、と思い始めてしまったのである。

40歳前後の多くの人が抱く感情であることは自覚していた。会社を辞めて新しい道に進んだとしても、必ずしも明るい未来が待っているわけではないことも理解するよう努めた。しかし、どのようにしても、自分の心の中で何かがうごめいてしょうがなかった。

幼い頃から僕は、２歳違いの兄の真似ばかりをして生きてきた。少年時代は、自分独自の考えで決断したことはほぼなかったかもしれない。兄の洋服を借りて着ては自分のセンスで服を選んだかのような気になり、部活動の選択や遊び方なども（ついでに大学を2浪したことも）例外なく、兄の行動をなぞった。社会に出ると今度は上司や先輩を頼り、ここでも自分で決断することの多くを避けてきた。

だからなのだろうか。人生で初めて最大の決断をしたくなった。結婚もまだしていなかった。高齢の両親も、もうしばらくは健康でいてくれそうな気がした。〃幼稚〃〃浅はか〃という批判をかわすように、僕はもっともらしい（とは、周りは受け止めていなかったと思うが……）理屈をいろいろ付けて、その時の上司に退職届をついに提出した。その先の進路など全く決まっていなかった。家族を給与で支えなければならない同年代の同僚たちへ微かに後ろめたさを感じつつも、僕は会社を飛び出した。

会社にいた14年間がものすごく忙しかった反動なのか、しばらくは、毎日が祝日のような気持ちで遊びまくった。沖縄で生まれ育ちながら、恥ずかしながらしっかり回ったことのなかった沖縄県内各地の城跡を回ったり、昼間から映画館で映画を見たり、冒険心から、平日に昼飲みも試したりした。そんな生活はもちろん、長くは続かない。人生への焦りも出る。だが、僕の中で、やりたいことが一つ、すでに決まっていた。この先の仕事や生き方で迷った僕が、あふれるほどの情熱を持って生き生きと輝いている方々から話をうかがうことだ。会社を辞めたものの将来の展望を見通せない中で、そういった方々から話を聞いて、気づきと、自分の考え方の変化を期待するとともに、それをインタビュー記事にすることによって、同じように悩んでいる人たちの何か助けになりたい、という思いだった。生まれ育った場所が同じ沖縄ということで共通点が多く、僕がより身近に感じる沖縄出身や関係者へインタビューができたら、なおいい。そう考えた。

こうして、輝く人を訪ねる僕のインタビューが始まった。

目次

14年勤めた会社をやめて〝働く〟〝生きる〟を聞いてきた。

肩書等は本書刊行時のものである。敬称は一部省略した

やると決めたら、空いている時間を全部つぎ込むと考えた

インタビュー
#1

小説家／医師

知念《ちねん》 実希人《みきと》 さん

知念実希人は、岐路に立っていた。

彼が、医師で人気ミステリー作家として知られるようになる前のことである。

東京慈恵会医科大学で6年間学び、医師国家試験に合格した後、大学病院で初期臨床研修を受け2年目に入っていた。後期研修に向け、自身の専門科を選ぶ時期に差し掛かっていた。医師としての人生のあり方を決める重要な選択である。

「悩みましたね。何科に行くのが一番いいのかということは。やっぱりそれまでは、何となく面白い科とか、手術への興味とか、そういったところだったんですけど、それだけじゃなく、今後の生活を考えると、外科なら本当に家に帰れない生活が続く。人生全てを考えて、どういう選択がいいのか、初めて選ぶことになりましたね」

ただ、彼の悩みは、同じ新米医師が進路に迷っているものとは背景が違っていた。

悩みの元となっていたのが、医師として発展する将来を取るのか、あるいはそれを半ば捨てて小説家を目指すか、というものだったからである。

「本当にいろいろ考えた上で、やっぱり小説家になりたい、という思いがあって、ここでチャレンジしなかったら、もう一生、そういうことはできないと思ったんですよね」

沖縄生まれの知念は、祖父が那覇市の農連市場周辺で開業医をしていた。父も医師で、知念は出生後すぐに両親に連れられて東京へ移り住んだ。家庭環境から、知念も当然のように医師を志すようになるが、少年時代、彼の心を奪っていたのは、本や映画の物語だった。

小学生の頃から、ミステリーを中心とした本を2、3日に1冊は読み終えた。高校生の時、出版社による小説の募集に原稿用紙50枚程度の短編小説を書いて応募し、雑誌に掲載された。これらの経験が、おぼろげながらも小説家になりたいという彼の夢を大きくしていた。

「医者として一人前になって開業できるようになるまでに、そこから10年ぐらいかかります。特に外科とかなら10年以上働き詰めで、そうするともう40歳前になります。そこから医師の技術を全部捨てて、そういう夢を追うというのは……。医者として最低限のことはできるようになったので、まあちょっと人生で一度だけチャレンジしたいなと思って、小説家になるのを目指して本気で動き始めました」

小説家を目指してたとえなれても、それだけで食べていける保証はない。小説を書く生活を送ることができる最善の働き方を考え、医師としての専門は内科へ進むことにした。内科学会認定医の資格を得るため、極めて多忙な病院で後期臨床研修として2年、研鑽を積み、試験に合格して晴れて認定医になると、夕方にはきっちり仕事が終わるパートタイムの医師をしながら、終業後に小説を書き始めた。

ところが、実際に物語を書こうとした時、その作業がどれだけ大変なものであるかを思い知らされた。

「これはもう作家志望の人はそうなんですけど、最初から書ける人はほとんどいませんよ。読んでいる時はこんなもん書けると思うんですけど、書いてみると難しいんですよね。会話の文、地の文、そして構成。ちょっと専門的なことを言うと、視点を固定するとか。一人称、三人称のどちらにして、誰の視点でこの世界を見ていくのかをやる。それと、場面の切り替えのタイミングとその時の時間経過をどうやって読者に示すかとか、読者を最初の時点でどうやって物語の世界に引き込むかとか、大量のテクニックがあるんですよ。だから書いてみた時に、どうやればいいのかが分からなくて。そこからひたすら試行錯誤して、自分のスタイルを作っていくというのが、やっぱり最低1、2年かかるんですよね。ストーリーは何となくできているんだけど、それを小説に落とし込む技術がまだなかったので」

夢に向かっていったものの、現実を知り夢から覚めるという経験は誰にでもあり得る。だが知念の決意は、それで崩れるようなものではなかった。

「僕はやっぱりやりたかった。小説家になるってもう決めていたので、あとはやるしかないですよね。医者の仕事を捨ててはないですけど、そのメインストリームから外れてまでやりたかった。中高から勉強して医大で6年間勉強して、研修を受けて、その十何年間かけてやってきたものを一回リセットしてまでやりたいと思ってやったので、もう後に引くという選択肢はなかったですから。もちろん苦しいですよ。書いてもいい作品になってないのは自分でも分かります。でも、それならあとは、次の段階へひたすらブラッシュアップしていくだけですから」

さまざまな作家の作品を数多く読み、書き方のいろいろなテクニックを見て、自分に合う方法を考えた。

それを試して取り入れることを一心に重ね、自分だけの小説の書き方のスタイルを構築していった。本格的に小説を書き始めた当初は、1年で1作品も書き上げられなかったが、完成までにかかる時間が次第に短くなり、新人賞への応募では、一次選考で落ちていたのが、二次や最終選考まで残るようになった。

「自分でもレベルが上がっていくのが分かったんですよね。そしたらひたすら上げていく。そうすれば、いつかデビューできるものだと思っていました」

2011年、知念は、末期がんの若手男性医師が連続殺人鬼の共犯者になりながら、心を通わせる少女を守るため殺人鬼に立ち向かう物語を描いた作品「レゾン・デートル」で、「第4回島田荘司選ばらのまち福山ミステリー文学新人賞」（広島県福山市など主催）を受賞した。そして翌年、同作を改題し単行本化された『誰がための刃 レゾンデートル』で、知念はついに、小説家デビューを果たしたのである。夢を追いかけ始めてから、5年以上が経過していた。

多くの人が夢を夢のままで終わらせるのに、実現できたのはなぜか。

「本当に挑戦する時に、どの程度本気でやるかですよね。やりたいだけなのか。そうじゃなくて、それを絶対につかみ取るって決めてやるのかで、やっぱり違うと思うんですよ。小説家デビューしたい人って、日本だけで5万から10万人いると言われてます。でもその中で実際に書く人は数千人しかいない、と。それって、プロ野球選手になりたいけど練習しないのと一緒じゃないですか。だから、なりたいなら、それにどれだけ労力をつぎ込むつもりがあるのか。あるのなら、もうそこで覚悟を決めて後に引かないと決めてやるしかない。それでも成功するかどうか分からない世界なので一番正しい方法か分からないですけど、空いている時間は全部、小説につぎ込むという感じで僕は考えていました」

生き残るために、オリジナリティーを磨いた

新人賞を受賞した時は「狂喜乱舞」したという。初めての単行本を出版し、悲願の小説家デビューを果たした知念だったが、いきなり大ヒットしたわけではなく、その後も望み通りに出版できたわけではなかった。出版に向けた相談をしていた編集者と急に連絡が取れなくなったこともあった。

膨大なエネルギーを注ぎ込んだ分、焦りや歯がゆさが当然湧いただろう。だが、デビュー後のまだ売れていなかった時期も彼は腐らなかった。

「この世界は結構それが当たり前なんでね。もちろん、ベストセラーになった『君の膵臓をたべたい』の住野よるさんとか、『告白』の湊かなえさんのように、いきなりドンって売れる人もいますけど、それって珍しいんですよね。目立つので、みんな何となく、それが普通だと思ったりしますけど。東野圭吾先生もそうですが、みんな最初は売れてこなかったところから、いい作品を書いているうちに、この人はこのぐらいのレベルの作品をコンスタントに書けるんだなと認知されて、出版社から、うちにも書いてくださいと言われて作品が出る。そうすると、書店でも名前が覚えられて、これは面白いから何か仕掛けてみようとなってじわじわ売れていく。それが一般的な小説家の売れ方なんですよね。で、その作品の中で、何かすごく面白い

のがあって、何かの拍子にブレイクする。そういうものだと思っていました」

　さらなる飛躍を信じて、知念は、自分の武器を磨くことに専念した。そして書き続けた。

「デビューというのは、ある程度の質の小説を一つ書けばできるんですけど、そこから先はもう、思いっきり売れている有名な人たちとの争いになるので。そしたら、単に1冊本を出しました、というレベルでは、すぐに5年以内に消えていく。自分が生き残るためにはどうすればいいのか、ほかの人たちより自分が勝っている面、読者が求めている点はどこなのかをひたすら突き詰めた上で、今のスタイルがだんだん出来上がっていった感じですね」

　デビュー作の『誰がための刃──』は、400字詰めの原稿用紙で800枚を超える。キャラクターや情景の描写、最初の事件で物語の中に読者を一気に引き込み、謎を追い、次第に明らかにしていきながら読者を最後まで離さない表現の技術は、小説家としての知念の完成度の高さをすでにうかがわせる。だが、今の知念に言わせれば「まだ素人の小説」で、彼はその後も貪欲に高みを目指した。

「たとえば、村上春樹さんや伊坂幸太郎さんのような人たちはやっぱり比喩表現とか情景描写とかが独特なんですよね。空気感といいますか。そういう文体を持っている人と、持っていない人がいて、僕は持っていないタイプだと思うんですよ。だから自分の売りは、そういう独特な雰囲気を出す文体じゃなくて、構成やトリック、ストーリーの面白さですよね。それと医学知識。そういうのは自分の方が優れていると。あとは、できる限りどんどんページをめくらせるスピード感がほしい。そうすると、会話以外の地の文で必要ない所はできる限り削る。比喩表現も、雰囲気を出すために本当に必要な所はちょっと使いますが、読んでいる人が意味を考えて立ち止まるような比喩表現を書くよりはストレートに入っていく。そぎ落としたシャープな文体というのをだいぶ目指すようになってきましたね」

現役医師のミステリー作家として知念の名は徐々に知られるようになり、2013年から小説新潮に掲載された「天久鷹央」シリーズなどで人気に火が付いた。同シリーズは単行本化され、累計発行部数が260万部(2024年3月時点)を超える大ヒット作になった。さらに『仮面病棟』(2014年)などの病棟シリーズも、累計発行部数が100万部を突破している。『仮面病棟』は映画化され、そのほかにも漫画やドラマ化された知念の作品は多い。

医師の専門知識と経験を生かした物語の筋書やトリックと、スピード感、そして読者の想像をはるかに超える驚きのクライマックス。知念の作風は多くの人に受け入れられ、注目されるようになった。

僕は、できる限りいっぱい書きたい

仕事場にしているという東京都内の会員制ライブラリーの会議室で、インタビューに応じた知念は、終始リラックスした表情だった。金曜は父が経営する都内の医院で医師の仕事をし、それ以外の週に5日は、午前10時から6、7時間、彼はそこで執筆だけに専念しているという。和らいだ表情が、その日の仕事を終えた後のものだと気づいた。

「やっぱり僕はほっとくとダラダラしちゃうタイプなので、家では書けない。ある程度自分を律さないと書けないので、ここに来たらまず携帯電話とかをカウンターに預ける。もう書くしかない状況をつくって、何時から何時まではやるとしっかり決めて、自分でスケジュールを立てて、それに沿って行動するようにしています」

創作の発想は、日常の思いがけない時に浮かんでくるという。

「アイデアは頑張ってうんうん唸っていれば出るものじゃなくて、どちらかというと本を読んでいたり、テレビを見ていたり、歩いていて何かを見ていたりする時にふと思いつくんですよね。それを忘れる前にすぐに手帳にメモして、暇な時に見ていると、いろいろなアイデアが有機的に組み合わさって一つの面白い話になっていったりすることがあります。ホントにちょっとしたアイデアの種というのを逃さないで、常に手帳に書いてますね」

そして、執筆する場では、ストーリーを考えることはほとんどしないのだという。

「すでに出来上がって頭の中にあるストーリーをここでは書き写す作業です。まあ、それが一番時間がかかってあまり面白くない作業なんですけど。僕は、頭の中に映像が映画みたいに浮かんでいるのを文字にしています。小説家は、そうやって映像を小説に書く人と、文字で考えて書く人の二つに分かれるんですけど、僕は映像タイプです。そうすると、ストーリーを作るのは別の時間なんですよ」

思いついたアイデアを基にストーリー全体の骨を考え、さまざまなシーンで肉付けして一つの物語を作る。

一日に書く文字数のノルマを設定し、ストップウォッチで時間を計って作業の進捗を確認しながら執筆しているという。

知念は、自身が「質を全く落とさずに書ける最高のスピード」という2カ月半から3カ月に1冊のペースで、作品を書き上げ続けている。かなり速い。

出版された知念の作品数は、デビュー7年目にインタビューした2018年までにすでに二十数冊で、2024年3月時点では50冊以上に上る。天才女医・天久鷹央が主人公のシリーズは、コミカルな会話や展開が目立ち、知念が初めて男女の恋愛を本格的に主題として描いた『崩れる脳を抱きしめて』は、全体的に落ち着いたシリアスな雰囲気で進み、主人公の心の機微がよく伝わってくる。読者層は、中高生やサラリーマン、特に熱烈な支持層であるといい、作品ごとに狙いの層を定め、それによって文体もストーリーの作り方も変えていると彼は明かした。

なぜ、これほどまでに作品を次々と生み出し続けられるのか。知念はこうも話していた。

「ストーリーを考える力に関しては、テクニックじゃないような気がするんですよね。それが才能なのかどうかというと、何かの話を考える力というのはやっぱり必要だと思うんですよ。僕は本当に幼稚園生ぐらいから絵本を読んでいましたので。そこからずっと、映画、小説がひたすら自分の中に大量にインプットされてきたので、どうやったら面白くなるか、自分の中で何となく出来上がってるんですよね」

幼い頃から物語に没頭してきたことで、自然と培われた創造力が知念には備わっていた。そして、小説家を自分の仕事にして生きる、という強い意志があった。

「小説家というのを仕事にしてみると、小説家は職人肌と芸術家肌の人に結構分かれるんです。芸術家肌の人は本当に気が乗らないと書かないとか。僕はそうじゃなくて、ある程度決められた期間で自分の最高のクオリティーのものを作ることを意識してます。だから締め切りを言われたら絶対に破らないように予定を組んでやっています。これを仕事として考えて、本を売る時には買ってもらう人からお金をいただいているわけですから、仕事はちゃんとコンスタントにしっかり全力を出してやらなくちゃいけないなっていう、日本人的な考えですよね。そこがやっぱり僕の性に合っているような気がします」

己への厳しさに圧倒されていると、彼はこうも言った。

「僕にはいっぱい書きたい話があるので、それをできる限りいっぱい書きたいなと思ってます」

子どもの頃は、夏休みなどに祖父母へ会いに東京から沖縄へよく来ていたという。インタビュー当時も、年に1、2回は沖縄を訪れると話していた。彼の目に、島国の沖縄やそこに住む人々はどう映るのか。

「今はインターネットとかが発達して、沖縄でやろうが、日本のどこでやろうが、何かを一気に発信することは可能な時代になってきてるので、距離のハンデはすごく小さくなっていると思います。ですから、沖縄にしかない感覚とかはすごくオンリーワンになるし、武器になると思うので、沖縄で育ってきた人たちがそういうのを生かして、試行錯誤しながら今まで経験したことをうまく発信して勝負していければ面白いと思うんですけどね」

知念は沖縄を題材にした作品もいずれ書きたいと当時、発言していた。今後は何を目指すのか尋ねると、こう話した。

「賞などは目指すものではなくて後から付いてくるもの。ですから、まずは自分の中で新しい小説の可能性を追求できるような作品を書いていきたいなと思います。オリジナリティーをもっともっと出して、自分の中で研究して、自分にしか書けないさらに何か新しい小説の形がないのかとか、いろいろ考えながらやっていこうかなと思ってます。医療小説だけを書きたいというわけじゃなくて、ストーリーとして質が高くて、みんなが読んで楽しんでいただけるのなら、違うものでも何でも書いていきたいなと思っていますけどね」

インタビューからしばらくたった頃、知念は作品で、沖縄の霊能力者であるユタを祖母に持ち、自身もユタの能力を秘めた神経内科医が主人公の『ムゲンのｉ（上・下）』を上梓した。２０２０年に同作は、全国の本屋大賞にノミネートされるとともに、『崩れる脳を抱きしめて』に次ぐ、自身として2度目の沖縄書店大賞（小説部門）を受賞した。また新型コロナウイルス感染症に医師として向き合った経験から、２０２２年には『機械仕掛けの太陽』を発表し、話題となった。

インタビュー中、淡々とした語り口の中にある彼の〝熱さ〟を感じた。

それから数年たった今、その後も止まることなくハイペースで作品を発表し続け、扱う題材や表現にも進化を感じさせる姿を作品を通して目の当たりにした時、彼の熱量が、私の想像したものより、はるかに大きいものなのかもしれないと思えた。

彼を突き動かしているのは、小説家になる決意をした頃も、今も変わらない〝物語を作りたい〟という強烈な欲求なのだろう。それこそが、何かを成し遂げる時の最も大きな推進力になるのだと、あらためて思った。

夢を実現する道を、いかにリアルに考え、行動し続けられるか。知念実希人さんへのインタビューを通して、そのことの大事さをあらためて感じた。

インタビュー前、知念さんの作品を読んで、僕は知念さんに、情熱的ですごくロマンチストな人なのだろうという印象を持っていた。デビュー作の『誰がための刃 レゾンデートル』をはじめとする作品は、ミステリーなのでもちろん、暴力や殺人の描写も多く含まれているが、悪と対峙し弱い者を助ける正義や、人が持つ誠実さ、やさしさ、愛情といった、いつの世も人々が憧れ、尊ぶ普遍的なものが存分に描かれ、それらをまっすぐに大切にする知念さんの人柄が表れているように感じた。読者の予想をはるかに上回る仕掛けがあり、極めて劇的な展開で進むストーリーにも、知念さんのロマンチストな面の壮大さを感じた。何より、長年努力を重ねて医師になりながら、その将来を半ば捨ててでも、未来が保証されていない小説家を目指したこと自体、かなりのロマンチストでなければできないと思う。

だが、話をうかがって思ったのは、知念さんが小説家として成功できたのは、恐ろしいまでも現実を客観的に直視し、未来を過小視も過大視もせずに冷静に見据えたリアリストな面があったからではなかったか、ということだ。人並み外れた熱さとロマンチストな面を持ちながら、小説を書き続けられる生活をシビアに考え、小説家になる決意をした後は、苦労を厭わず淡々と環境を整えていった。自分の課題や足りていない部分を直視し、技術を向上させることを忍耐強く愚直にやり続けた。デビュー後は、すでに売れている人気作家との競争の中で自分が生き残るための武器は何かを冷静に見つめ、分析し、それをひたすら磨いていった。

実現が困難な夢であるほど、ロマンチストな面がなければ追いかけるのは難しい。でも夢に向かう道を見つけ一歩一歩前へ進んでいくには、リアリストな面が必要である。そう考えた時、両方の面を見事にバランスよく持っているように見える知念さんのすごみを感じた。

僕は夢を漠然と描いていないか。それを達成するための道をリアルに考えているか。自分に足りていない部分を直視しているか。自分だけが持つ強みを突き詰めて磨いているか……。さまざまな問いが湧いてきた。

夢や目標がありながら、自分にはできないと冷める人も結構多いと僕が言った時、知念さんが「それは、目標になっていないんじゃないんですかね」と言った。

「何となく有名になりたいとか、人に認められたいという目的で小説家を目指している人は結構多いんですよね。僕は、そういうのはもちろんゼロではないんですけど、自分が物語を作るのが好きだからこの仕事を選んだのであって、有名になりたいとか、お金持ちになりたいとかでやるにはあまり割のいい仕事でもないですし、なれる可能性が高いわけでもないですから。小説でそういうことができないと気づいた時に、ほとんどの人は冷めますよね。けれど、本当に自分で物語を作りたい人は冷めない。ひたすら突き進んでいくしかないですよね」

40代になり、僕は何か焦っていた。知念さんのその発言を聞き、目を向ける場所を、あらためて示された気がした。

やらない方が後悔する。
やってみてから考えたらいい

インタビュー
#2

落語家

金《きん》原《げん》亭《てい》 杏《あん》寿《じゅ》 さん

ずいぶん、伸び伸びした子どもだったらしい。

金原亭杏寿（本名・川満彩杏《あい》）。沖縄出身初の女性落語家として話題の彼女は、みずみずしい明るい表情で幼い頃のエピソードを話してくれた。

小学生の時、生活排水が流れ込む那覇市内の川で友達と遊んだという。

「すっごい汚い川だったんですけど、夏休みに毎日、安里川の川っぺりの秘密の場所で宿題をしたりしながら遊んでました。ある時、死んだ魚がたくさん流れてきて、これは水が汚いからかなと思って自由研究で安里川の水質調査をやったんです。結局、上流はすごくきれいで、人間の生活排水で汚れていくんだということがわかって。それがコンクールで銀賞をもらえました」

親しみやすい笑顔で、愉快そうに言った。多くの人に注目される芸能界へ入りたいなどという興味は、川満彩杏にまだない頃だった。学校で授業中に発言することはほとんどなく、自分の意見や考えをみんなの前で表現するのが得意ではなかったという。唯一、学芸会の劇で、セリフのある王女役をやりたいと手を挙げたことがある程度だった。

芸能活動を始めたのは高校2年の時。学校で所属していたマーチングバンド部の友達と那覇まつりへ行き、会場で県内の芸能事務所のマネージャーからスカウトされたのがきっかけだった。それほど興味はなかったが、川満の家は母子家庭で、部活の合間にアルバイト感覚でできると聞くと、「ちょっとでも家計の足しになれば」と芸能事務所に入ることにした。

早いうちにCMやドラマの仕事が入るようになり、タレント、俳優としての活動が始まった。初めての仕事は、市原隼人と井上真央が出演し全国公開された映画『チェケラッチョ!!』のエキストラである。ファッションショーのモデルなども務めるようになり、徐々に表現の魅力を感じ始めた。

「スタッフの方にいろいろ教えていただきながら仕事をする中で、いつもと違う自分、自分じゃない誰かになったりするのがすごく楽しかったんですよね」

その感覚は、高校3年に進路を決める時にも彼女の中に残っていた。マーチングバンド部で活動していた時には、旗を振ったりするカラーガードのポジションが大好きだったことからテーマパークのパフォーマーを目指そうかとも思い、専門学校を調べたりしたが、芸能の仕事が頭に引っ掛かって離れなかった。

「このまま終わっていいのかなっていう気持ちがあって。まだどっぷりのめり込んで仕事をしてなかったので、もっと深くやってみてもいいのかなと。最終的には、進学も就職もせずに芸能活動をしようと決めました」

将来の保証のない進路を学校の先生は心配し、専門学校への進学を勧めたが、「中途半端になる気がする」と受け入れなかった。

卒業後、国際通りで、沖縄の竹を使った笛を実演販売するアルバイトをしながら芸能活動に本腰を入れ、NHK沖縄の情報番組「きんくる〜沖縄金曜クルーズ〜」へのレギュラー出演や、沖縄県産のドラマ・演劇への出演、ラジオパーソナリティーなどの仕事をするようになると、県内で川満は次第に知られた存在になっていった。アルバイトをせずによくなり、芸能活動にさらに専念した。2012年には、宮古島が舞台の一つとなったNHKの連続テレビ小説『純と愛』で、ヒロインの兄の見合い相手役を務め、川満の姿と演技が全国に届いた。

その頃の川満のブログからは、さまざまな仕事に彼女が意欲的に楽しんで取り組んでいたことがうかがえる。大の猫好きやアニメ好きであることから、担当するラジオ番組でそれらのコーナーを持ち、着ぐるみやアニメの衣装を着て出演することもあった。さらに同じ芸能事務所のモデルとコンビを組んでアニソンライブを企画したり、県内のお笑い芸人とお笑いライブを開いたりしていた。充実した日々を送っていたはずである。だが、その頃、彼女の中に、ある欲求も膨らんでいた。「もうちょっと広い世界を見たい」という思いである。

「いろんな役者さんとか劇団の方に出会いましたが、沖縄から少し外に出るだけで、こんなにいろんな人がいるんだなとか、いろんなお芝居のやり方や演出の仕方があるんだなと分かるし、東京へ行けばもっとたくさんの人がいるので、また違う発見があったりするんだろうなっていう気持ちが大きくなったんですよね」

事務所に思いを伝えた。だが返ってきたのは「まだ早いんじゃないの？」「もっと沖縄でいろんなことをやって一番になってから上京したら」との言葉だった。

「でもしばらくしたら〝東京へ行くのはもう遅いよね〟と言われ始めたんです。いやいや、早いと言ったじゃんと。その時､自分の決断を人に任せてはいけないなと思いました。いろんな人がいろんなことを言うけど、アドバイスは頂きながら自分で考えて、結果は自分で決断して進んでいかないと後悔するんだろうな、と思いました。上京したいので卒業させてくださいと皆さんにお願いして、仕事を徐々に少なくして上京しましたね」

その時期の仕事の一つが､沖縄の高校野球を全国強豪に押し上げた栽弘義監督の実話を物語化した映画『沖縄を変えた男』で、栽監督を慕う若い教師役。さわやかな演技で務めた後、2016年、川満は活動の拠点を東京に移した。高校時代に芸能活動を始めてから10年以上がたっていた。

人生のチャンスで思い浮かんだのは〝後悔した経験〟だった

東京の事務所へ移籍した川満はオーディションを受け始めた。沖縄で知名度は高まっていたが、東京では一からのスタートである。CMと舞台の仕事を幾つか得たが、生活費を稼ぐためバイト生活に戻った。居酒屋やパチンコ店の店員、引っ越し業者のスタッフ、排水溝の清掃員、携帯電話の電波を各地で測定するための機材を積んだ車の運転手などさまざまなバイトをした。自らを「根が能天気」と言い、芸能の仕事が思うように入らないことにあまり焦りはなかったというが、壁も感じ始めていた。

「東京の事務所のマネージャーさんにも言われたんですけど、2012年にNHKの朝ドラの『純と愛』に結構しっかり出たので〝それが売り込みのチャンスだったのに、なぜその時に東京に来なかったのか〟と。

そこが動くポイントだと気づけず、あー、そっかーという後悔はありましたね」

そんな時、事務所の紹介で通っていた演技スクールの講師の映画監督から「演技をやるなら落語も見た方がいい」と勧められ、ある公演を見にいった。池袋演芸場で開かれたその公演は、講師の知人である落語家・金原亭世之介の独演会だった。そこでの体験が、川満の大きな転機になった。

「もう、衝撃的でした。お芝居の経験は私にありましたが、舞台ではいろんな人に助けていただいて、照明や音響など、さまざまな演出を足して見せていたのですが、世之介師匠は舞台に一人で上がり、ただお着物を着て扇子を持って左右を向いて喋っているだけで、一本の映画を見たような没入感がすごくあったんですよね。その時やっていた『宮戸川』という噺もストーリー性がとてもあってすごく良くて。江戸の町並みなんか私は知らなかったのに、情景が目に浮かび、噺に出てくるお花、半七の像を自分なりに描きながら噺が進んでいって、最後はこんなオチなの？という結末でホッとするぐらい物語にのめり込んでいました。客席も明るいのに、これだけ集中させられるってすごいなと思いました」

寄席で落語を見たのは、その時が初めてだった。落語家を目指したい――との想いは一気に膨らんだ。楽屋で初めて直接会った世之介も、「もし、落語をやりたいと思っているなら、1日でも1秒でも早い方がいい」と声を掛けてくれた。川満が落語家を目指すということは、目標にしていた俳優やタレントの道から外れることを意味する。だが、それでも入門したいと思えるほど、世之介の落語は魅力的だった。高座で世之介自身が楽しそうにしている姿は、「落語のこの技術をもし身に付けられたら、人生がすてきになるかも」と川満に思わせた。ただ、「急に落語を見て〝やります〟と言えば、いま落語家を目指して修行している方々にすごく失礼なのではないか」という迷いも生じた。悩んでいた背中を押したのは、東京行きの決断を人任せにしたことへの後悔の念だった。

「私の人生になかった落語家の道がせっかく出てきたのに、進まなかったら後悔するな、と。それよりは飛び込んじゃった方がいいと思いました。ずっと東京に出たいと思っていた中で、自分で決断して動くことができなかった。あの時、動いていたら、という後悔が胸に残っていたんですね」

落語家を目指すことを沖縄の家族に相談したが、反対する者はいなかった。世之介の独演会から約1カ月後、川満は世之介に面談の機会をもらい入門を志願した。「本当に人生を懸けてやるなら面倒を見てあげる」と世之介は許し、川満に芸名を与えた。

「2016年に上京したからこそ世之介師匠に会えたので、人生としては間違ってなかったなと思います」

金原亭杏寿と名乗るようになった川満は、あの頃抱いていた後悔を糧に、新たな世界へ一歩を踏み出した。

光の当たらない下積み時代を、彼女は5年耐えた

東京の落語家には階級があり、入門が許されれば、師匠のかばん持ちや雑用などをしながら落語を稽古する「前座見習い」になる。その後、「前座」に昇進すると、日々興行のある寄席に入ることができ手伝いをする。その次が、ようやく一人前の落語家とみなされる「二ツ目」で、最上級は、師匠と呼ばれ、弟子を取れる「真

打ち」である。

前座になれば、毎日、寄席での働きがあるが、そこで得られる報酬はごくわずかで生活が厳しくなるため、杏寿は師匠の許可を得てバイトを続けながら見習いを始めた。弟子に対し〝前座でなく噺家を育てている〟との考えの世之介は、杏寿へ入門後すぐに稽古をつけるようになった。それはいろいろな面で、杏寿の想像を超えるものだった。

「お稽古はすごくぜいたくで、師匠が私だけのために目の前で一席やってくださるんです。最初に習ったのは『道灌《どうかん》』で、いま聞いた噺をすぐやりなさいというお稽古です。分からないままやってたんですけど終わらなくて、途中で〝もういいよ〟と言われて、この稽古はきついなと思いましたね」

それでも、入門から1カ月余り後の2018年年明けには、師匠が開いた新春の落語会で杏寿はさっそく初高座に上がった。新米の未熟な落語を、客は温かく大笑いして受け入れてくれ、その後の杏寿の大きな支えになった。だが、落語の技術の習得は一朝一夕にはいかない。

「難しかったのは、やっぱり〝間《ま》〟と〝言葉の語尾〟ですね。私は人生のほとんどで自信を持って喋ることができず、喋っている時に言葉の語尾がもともと消えていくタイプだったので、語尾を上げないとお客さんに気持ちよく伝わらないんだと指導されました。〝落語は想像力だ〟と師匠はおっしゃっていて、話の掛け合いの〝間〟がのっぺりだとお客さんは落語を思い描けなくなります。そのへんでなかなかできない部分が多かったですね」

稽古で、師匠から同じことを何度注意されてもうまくできず、杏寿は苦悩した。入門から約1年半後、前座に昇進すると、困難さはさらに増した。前座は寄席に入り、楽屋の準備や、出演する師匠らの着替えの手伝い、開演や終演の太鼓打ち、上演中の高座返しなどの多くの仕事がある。高座に上がる前の師匠らへのお茶出しにも、温かい、冷たいと好みがあるが出し間違えたり、終演で幕を閉める役目だったにもかかわらず別の仕事をしていて舞台袖に付くことができず、高座に上がっていたその師匠に厳しく叱責されたりするなど失敗を繰り返した。休日は全くなく、朝起きると寄席へ行き、遅い時間帯に帰宅してその日の失敗を復習し、少しだけ稽古をして眠るとすぐ朝になる、という生活が続いた。

「やめようかなと思ったことは、もういっぱいあります。たとえば落語のネタ一つ取っても知らないネタが多かったですし、落語界の常識的なことを知らず、だいぶマイナスの所にいたので。師匠の思うように動けず、しくじって叱られて、つらいこともたくさんありましたね。でも、師匠が本当にパワフルなんですよ。私が花魁《おいらん》の格好で落語をしたのもそうですが、弟子のプロデュースをすごくやってくださり、師匠の熱量に勝たないと追いついていかない。師匠に引き上げていただいてますね」

急に熱を上げ、やってみたが挫折を味わい、やめてしまうということは、ふつう誰にでもあり得る。だが彼女はそうならなかった。師匠に救われたことが大きかったが、のんびりで陽気な彼女の中に、おそらく泥臭い根性のようなものが備わっていた。

苦境の中、彼女が頑張れた理由がもう一つあった。

「結局、高座に上がるのは楽しかったんです。前座でも10分、15分は一人で喋る時間を頂けますから。前座ってびっくりするほど笑ってもらえないんですけど、時々、お客さんに届く瞬間を感じられることがあって、そういう楽しさがあると、頑張ろうって思えましたね」

前座見習いの時期も含め、杏寿は下積みを5年余り続けた。4年半が過ぎた頃、2022年8月、一般社団法人落語協会の承認を受け、翌年2月の二ツ目昇進が決まった。沖縄出身の女性としては初めてである。

「昇進が決まるまで時間がかかったので、単純に嬉しかったですね。やっと一人前だ、というより、やっと前座が終わる、という気持ちの方が正直強かった」

落ち着いた表情から、ついに目標を達成したという喜びだけでなく、気のゆるみを自ら戒め、落語家として生きていく覚悟を持った杏寿の姿を見た気がした。

知っている落語家として、私の名が挙がるように

2023年年明けの1月8日。那覇市ぶんかテンブス館ホールに設置された高座へ杏寿が姿を現すと、会場いっぱいに集まった客から、温かい盛大な拍手が送られた。「帰ってまいりました!」と、杏寿が感極まった様子で平伏し、拍手は一層大きくなった。

公演することがまだ許されない前座の身だったが、テンブス館の依頼を受け世之介が、杏寿との師弟二人による「新春親子会」として落語会を開催してくれた。

高座に上がった杏寿は二ツ目昇進が決まったことを報告し、慣れた様子と、愛嬌あふれる調子で話し始めた。落語界は縦社会であり師匠の言うことは絶対で、師匠が「カラスは白い」と言えば弟子は「そうです」としか答えられない。道に迷った時、師匠が「右だな」と言い、間違っていたことを知っていたが伝えず、後からそのことを知った師匠から落語の登場人物になぞらえて「それは与太郎だよ」と言われたエピソードを噺のマクラで披露し、観客を笑わせた。素っ頓狂な登場人物がともに特徴的な「牛ほめ」と「熊の皮」の二席を、師匠と交互に高座に上がり堂々と話しきった。

「お客さんがこんなに来てくれるとは思わなくて、正直、不安だったので、本当に嬉しかったです。公演日ぎりぎりになるまでチケットが売れなくて、あー、のんびりして沖縄らしいなあ、こうだったなあって思い出して、ちょっと安心感もありましたね」

公演翌日のテンブス館でインタビューに応じた杏寿は、穏やかな笑顔を浮かべた。会場が、沖縄での芸能活動時代、演劇やお笑いライブなどを開いた非常に思い入れの強い場所だったことも明かした。

「〝杏寿さん、おもしろかったよ〟っていろんな人に声を掛けていただいて、〝でも、やっぱり師匠は、間とか顔の表情がすごいね、違うね〟とも言われて。当たり前だよー、私が師匠と一緒だったら大変だよーって思いながら、良い師匠に付いたなと嬉しいんですけど、やっぱり私の落語とは違うというのを突き付けられて、ちょっと悔しいですよね」

一瞬のぞいた負けん気に、ハッとさせられた。落語に懸ける彼女の思いの強さの表れだろう。5年余りの修行をへて、落語家になるという目標を果たせた要因を、彼女は「師匠の教えを信じて進んでいるところ」と挙げ、どこまでも謙虚だった。

挑戦したいと思いながら、さまざまな理由で一歩を踏み出せない人は多い。俳優やタレントなどとして10年以上、積み上げてきたものを捨て、落語という違う分野へ挑戦し、飛躍を遂げている彼女にアドバイスを求めると、確信に満ちたように言った。

「やらない方が後悔すると思うので、もう、やってみてから考えたらいいとは実体験から思います。やんなきゃよかったと思っても、それは一つ学んだということで大した後悔じゃない。それに、やめたいと思っても意外と続けられたりします。あと、自分に一個、軸があるといいです。私にとってそれは師匠で、ちょっとグラついても師匠の所に戻ることで、師匠の教えを自分の中でもう一度考えて軌道修正できるので」

一人前の落語家としては歩み出したばかりで、大成するかはこれからの取り組みに懸かっている。将来像をどう描いているのか尋ねると、故郷沖縄での自身の独演会と、金原亭一門会の定期開催を挙げた。そして、こう続けた。

「長い目で見ると、次は真打ちに昇進するのが目標ですが、二ツ目になってからが長いので、その間に、〝落語家を誰か知っているか？〟という時に、みなさんに私の名を挙げていただけるようになりたいです。それは女流としてではなく、８００人から千人いるといわれている落語家の中でです。〝杏寿のこの噺が好き〟と言ってもらえるようになりたいですね」

〝女流としてではなく〟と強調した部分に、落語家としての矜持が見えた。愛嬌や柔らかさや明るさは、沖縄でメディアに出ていた頃と変わらないように思えた。だがその内側にある、やり抜く力は落語の厳しい修行をへて、より大きく育っているのだろう。勇気を持って挑戦し、耐えたことで、おそらく彼女は最大の強みを得たのだと、まっすぐ向けられた、その澄んだ大きな目を見ながら思った。

2022年12月中旬、僕は、東京大田区北千束のライブハウスにいた。金原亭杏寿さんの落語を初めて見るためである。

金原亭世之介師匠と弟子たちによる落語会が始まり、何人かの出演の後、杏寿さんが高座に上がった。その落語を見ながら、僕は自分の浅はかさを恥じていた。翌月に沖縄で杏寿さんをインタビューすることが決まっていて、その予習のため落語会へ訪れていた。

正直に言って僕は〝沖縄出身の若い女性が落語家を目指している〟という何となく読者受けしそうな印象で、インタビュー依頼をしていた。もしかすると杏寿さんも珍しいもの好きぐらいの軽い感覚で落語を始めたのではないか、という勝手な見立てが、僕の頭のどこかにあったのかもしれない。本格的な落語を生で見るのはその時が初めてで、極めて無知だったため、杏寿さんの落語のどこがすごいかなどは分からなかったが、とにかく陽気で楽しく、自然体だった。だが、その落ち着いた所作や、噺を終えて高座から下がる時のまだ気が引き締まったような表情からは、何か重厚めいたものを感じた。軽い気持ちで落語を始めたのではないことは十分伝わってきた。最後に高座に上がった世之介師匠の、長時間ながら客を引き付けて離さない落語を聞きながらも、僕は自分の勉強不足を悔いていた。打ちのめされた気持ちを抱えながらライブハウスを後にし、その後、僕は杏寿さんの歩みを懸命に調べ始めた。

杏寿さんが川満彩杏の本名で俳優やタレント活動をしていたと知り、過去にテレビなどでよく見ていた顔と重なった。10年以上、千件を超す投稿をしていた川満彩杏時代のブログに一つ一つ目を通し、出演した映画やドラマを見ると、杏寿さんがその頃いかに、楽しみながら精力的に芸能活動していたかが感じられた。俳優やタレントとして、もっと向上したい、との想いが伝わってきた。それらの経験や想いをいったん全て脇に置き、落語界へ飛び込んでいったのだ。杏寿さんの落語を初めて見て僕が感じ取った重厚な部分は、杏寿さんのその〝覚悟〟ではなかったか。

人生で人は、あの時こうしておけばよかったと思う後悔が必ず出てくる。杏寿さんにとってそれは、東京に出たいとずっと思いながら、周りの意見を聞きすぎて、自分で決断して動くことができなかったことだが、世之介師匠と出会った時には、過去の後悔から学んだ教訓を生かしてチャンスを逃さなかった。重ねてきた時間が長ければ長いほど、積み上げたものを手放すのは惜しくなりそうだが、杏寿さんはそうすることを厭わなかった。競争が激しい芸能界において行き詰まりも感じていたのかもしれない。だが、新たな領域へ移ったことで、それまでも持っていた杏寿さんの良さや個性が輝きを増しているように見える。

やらないことによる後悔はしないと心掛け、チャンスと思えば間を置かずに飛び込み、飛躍したことで、過去の後悔が必然だったと思えるようになった。活動する領域を変えたことで、自分の良さや個性がより生きている。杏寿さんが示している姿勢や行動は、どんな仕事にも、生き方にも大いに参考になる。

杏寿さんが世之介師匠に入門した年は、僕がちょうど会社を辞めた年だった。5年余りの年月をへて、杏寿さんの発展ぶりと、自分の歩みを顧みた時、またもや猛烈に落胆しそうになる。だが、杏寿さんのような姿勢で日々精進していれば、もしかしたら、人生が大きく変わるかもしれないと思えた。

笑われてもいいから高い目標を立てることが大事

インタビュー
#3

バスケットボール指導者

安里《あさと》 幸男《ゆきお》 さん

彼に、もともと、具体的な大きな目標があったわけではなかった。

携帯電話も、インターネットもなかった約50年前、安里幸男は、沖縄本島北部の大宜味村から、バスケットボールの指導者になるため、中京大学（愛知県）へ進学した。やんばるの大自然が身近にある環境で育ち、中学、高校とバスケ部に入り打ち込んだが、指導者がおらず、勝てない悔しさを常に味わってきた。それなら自分が指導者になって後輩たちにバスケを教えよう、と彼は考えたのだった。周りには県外の大学へ行ってバスケをする者など一人もいなかった。

中京大バスケ部には、高校時代に全国高校総体（インターハイ）や国体へ出場した経験のあるような選手ばかりが全国から集まっていた。県大会の1、2回戦で敗退するチームに所属していたのは安里ぐらいだった。大学の部活動での約4年間を、安里はずっと三軍のような立場で過ごす。それでも安里が挫折感を覚えたり、卑屈になったりすることはなかった。

〈今に見ておけ。卒業してからが勝負だ。指導者になったら絶対、負きらんどー〉

そう思っていた。

卒業を目前に控えた大学4年の2月。安里はアルバイトをして旅費を作り、名古屋から夜行列車で一人、秋田へ向かった。高校日本一を何度も達成していた県立能代工業高校（現・能代科学技術高校）バスケ部の練習を見るためだった。アポも取らずに学校を訪ね、体育館の扉を開いた。生徒たちの視線が安里へ一斉に集まった。

「その瞬間、選手たちが練習を中断して直立不動の姿勢で挨拶してきた。大きな一つの目が僕に向けられたように見えて、やる気に満ち溢れた集団とはこういうことだと思った。人をその気にさせたら技術なんて後からどんどん付いてくる。ガードの育成法とかゾーンプレスの指導法を見習いに行ったけど、選手のやる気を奮い立たせることが先だと思った。技術的なことばかり考えていた自分がちっぽけに思えて、穴があったら入りたかったよ」

宿泊先も決めていなかった青年を、能代工業監督（当時）の加藤廣志は自宅へ連れて帰り、自分の体験談をいろいろ聞かせて泊めた。選手たちの気持ちの入った昼間の練習風景と加藤の度量の大きさに、安里はただただ圧倒され何も話せなかったという。だがその時、安里の中に、能代工業のような強いチームをつくりたいという明確な目標が形づくられていた。

自ら行動したことで、安里は人生の大きな目標を手に入れたのである。

卒業後、故郷に戻った安里は中学の臨時教員をしながら、母校である県立辺土名高校のバスケ部で外部コーチとして指導に関わるようになった。3年目に、部の顧問の教師が他校へ異動すると、安里が本格的に指導を手掛けるようになった。それはまさに〝猛烈〟といえるものだった。

たとえば、オールコートの一対一の練習では、オフェンスの選手が次々交代する中、ディフェンスの選手がへばっても安里はなかなか交代を許さず、時には1人で10人続けて守らせることもあった。試合形式での練習では、一方のチームが10点以上の差を追う場面をつくり、3分という短時間で逆転する練習を繰り返した。

「沖縄は過去、全国大会で初戦敗退が続いていた。ある程度うまさはあるけど大きな相手に勝てなかった。それでやっぱり身長差を克服するための平面的バスケット（高さに対し、コート全面を走り回ることで優位に立つバスケット）が必要だと考え、ディフェンスの強化と、速攻よりさらに速い〝超速攻〟を取り入れることの二点に取り組んだ。沖縄がそれまでやってこなかったことをやったわけだ」

なぜうまくいかないのか、なぜ勝てないのか、選手たちに自ら考えるよう安里は求めた。選手たちもそれに応え、山の急な坂道を走り込むなど、それぞれ自主練に励んだ。

安里と選手たちの取り組みは、やがて大きな成果となって現れた。

1978年、県高校総体を初めて制した安里率いる辺土名は全国高校総体（山形）へ初出場し、初戦で開催地代表の山形東を破ると快進撃を続けた。高身長のチームが有利と見られる競技において、遠い離島県からやって来た全くの無名校の背の低い選手たちが、圧倒的脚力で相手を凌駕する戦いぶりは〝辺土名旋風〟として見る者に大きな衝撃を与えた。勝ち上がるにつれ、辺土名の試合を見る客で客席は膨れ上がった。準決勝で福岡大学附属大濠に敗れたものの、辺土名の選手たちは最後まで懸命に走り、攻め続け、99点の高得点を挙げ善戦した。辺土名は沖縄県勢初の3位に入り、その戦いぶりに対し、大会本部から異例の敢闘賞を贈られた。

国際試合で体格の劣る日本が外国勢に勝てずにいた状況を自分たちに重ね、安里が大会前に〈日本のバスケットボールの方向性を示すようなゲームを必ずやろう〉と指導ノートに書いたことは、何の実績もなかった彼の気概を示すエピソードとして、今ではよく知られるようになった。安里は、その大会でおそらく人生で最も貴重な確信を得た。

「やっぱり目標を立てて突き進めば達成できるもんだと、笑われてもいいから高い目標を立てることが大事だと思ったね」

〝辺土名旋風〟は40年以上たった今も沖縄県民に語り継がれる伝説となった。

ワクワクは自分でつくり上げるもの

「強くなることは全然難しくない。だってみんな、やると言って約束を守らないから、約束を守った者の勝ちなの。すぐに行動を起こせ、ということ。行動を起こすことによってチャンスを生かせるわけだから。成功する人は絶対、行動する人。間違いない」

定年退職後に自宅の一室に設けた「安里幸男バスケットボールミュージアム」でインタビューを受けた安里は、印象的な大きな目をまっすぐこちらに向けた。同ミュージアムには、安里の40年以上に及ぶバスケットの指導実績が分かる新聞記事のスクラップブックや、約100冊もの指導ノートなどが保管されている。

仕事で輝く人を取材する企画で、安里幸男をなぜ取り上げるのか。取材中、私は何度もそのことを考えていた。定年まで安里の職業は高校の体育教師だった。部活動での指導は課外活動であり、教師が必ずやるべきものではない。だが安里は29歳で正規教員として採用されて以降、全ての赴任校でバスケ部のコーチを続けた。40代で上司の教頭から管理職を目指すよう勧められたが、米国人バスケコーチの分厚い著書を持って翌日、教頭の元へ行き、自分には一生かけて勉強しなければならないことがあると返答した。

言葉の通り、ありったけのエネルギーをバスケの指導に注ぎ、高校日本一のチームをつくることを本気で目指した。中でも35歳から11年間勤務した県立北谷高校時代は安里が最も脂の乗り切っていた時期で、県大会で何度も優勝し、１９９１年の全国高校総体（静岡）では、沖縄県勢として辺土名以来2度目の3位に入った。全国の強豪校が出場する秋田県能代市での能代カップにも出場するようになり、93年の大会では念願だった打倒能代工業をついに果たし6戦全勝で初優勝した。安里のバスケは日本一を狙えるところまで、確実に近づいた。

２０１４年3月に定年退職した後も安里の意欲は衰えなかった。自ら打診して県立コザ高校男子バスケ部の外部コーチを務め、18年の県高校総体で同校を43年ぶりの優勝に導き、自身の存在感をあらためて示した。その後、県立前原高校で外部コーチをしていた安里に19年に会うと、指導を続ける理由について「バスケットが好きだから、やり続けたいから。ボランティアでもいいからバスケを教えた方が僕の人生は幸せ」と語り、「僕の情熱は右肩上がりだから、まだまだ大丈夫」とも話していた。

40年以上もの間、安里が一つのことに情熱を燃やし続け、成果を挙げられたのはなぜなのか。その理由が分かれば、さまざまな仕事にも応用できるのではないか、と私は考えた。

夢や目標を実現するために大切なことは、と安里に問うと、それは単純なこと、とでも言いたげに、にやりと笑った。

「やり続けること。でも続けるって簡単にはできないよ。まあ、長くて1年できるかどうかだ。どうやって10年続けられる？ 20、30、40年続けられる？ ワクワクしないと続けられない。そういう自分をつくらないと続けられるわけがない。ワクワクする気持ちは自分でつくり上げるもの。人がつくってくれるものでもない。だからバスケットの書物を読んだりビデオを見たりして事前に研究する。人の話を聞きに行ってヒントをもらってくる。小学生の試合を見たって、これは使えるというのが絶対あるから。別にバスケットだけじゃない。いろんなところからやる気を出して、いいと思ったことをやり続ける。そういったことができるかが、神様に試されているところかな。そんなに難しいことはやってない。みんながやれることをやり続けるだけ。やるかやらないかなんだよ。シンプル、シンプル……」

安里の話や歩みを振り返ると、彼は行動することで目標を得て、それをエネルギーに変え、さらに行動を積み重ねてきたことが分かる。

大学卒業目前に能代工業の練習を見に行き、強さの本質を学んでチームづくりの手本とした。そこへ雑誌の『月刊バスケットボール』の記事からヒントを得て開発した「超速攻」の攻撃を付け加えた。正規教員として初めて赴任した県立豊見城南高校時代、米国バスケットコーチのボビー・ナイトの指揮するインディアナ大学の試合をテレビで見て、守りで激しく当たりながら、相手のボール保持者に抜かれれば、味方選手が互いにカバーし合う戦術に感銘を受け、次の赴任先の北谷高校でそれを取り入れた。さらにインディアナ大の選手たちが着ていた真紅のデザインのユニホームを自分たちにも採用した。

県外遠征などで自分たちの粘り強い守りと3点シュートが全国で通用することが分かると、それらを磨き最大の武器にした。長所を伸ばすことに重きを置いた安里の指導は、全国から注目される個性溢れるチームをつくり上げていた。

中部工業（現・美来工科）高校赴任時代は、日本一へさらに前のめりになった。同校への進学区域が全県だったことから、安里はより有望な選手を集めることを目指し、遠方の選手たちのためのバスケ部寮の建設を考えた。プレハブ造りで想定よりも費用が大幅に掛かることを知ったが、資金造成のためのチャリティー芸能公演を関係者に開催してもらったり、寄付を募ったりして得たお金と、さらに安里自身の自費を充てて建設にこぎつけた。同校で日本一にはなれなかった。だが、当時がいかに大変だったかを笑いも交えながら話す安里のまっすぐな視線に、後悔は微塵も感じられなかった。

取材中、安里が何度も口にしたのが「準備」の大切さだった。チームづくりの大きな目標を定め、時期ごとの練習メニューを考える。日々の指導ノートをしっかり付ける。そうすると「明日が待ち遠しくなる。そういう思いは選手に必ず伝わる」という。

北谷が3位に入った1991年の全国高校総体で、安里は勝ち上がるたびに相手に合わせて戦術を変え、試合の日の朝に選手たちへ練習させた。当時の主力選手だった源古隆（県立宜野湾高校教諭、前国体沖縄少年男子監督）は、安里があの時、対戦相手の試合のビデオをこまめに見るなどして、次の試合の対策に力を注いでいたのではないかと推測し、こう言っていた。

「準備を生徒の前だけでなく裏でもちゃんとやっていて、タイミングに合わせて出すのがうまい。準備が整っているから予定通り進む。その道筋を付けるのも情熱かなと思いますね」

今では約100冊にもおよぶ安里の指導ノートから、91年の全国高校総体時の記述をあらためて見せてもらうと、安里が翌日の試合に向けて、攻守それぞれの心掛ける点を細かく記し、特に守備では、試合開始から終わりまでの展開を事前にイメージし、時間ごとの戦術が記されていた。

仕事をテーマにしたインタビューであることを思い出したように、安里が言った。

「会社へ行くにも事前の準備をしてワクワクして行くかどうか。同じ一生だけど全然違う。どっちを選ぶの？ 楽しさって待ってても来ない。用意周到な準備をする。だから、気づいたことはすぐメモを取ることが大事。メモを取らないと忘れる。今でもあるけど、夜、寝ていて、いい練習方法をやっているのが夢に出てくる。そういう時は、ニコッと笑って起きてパッとメモを取るの」

常に前向きに見える安里だが、本気で日本一を目指してきたからこそ、挫折感を味わう場面も無数にあった。1993年に能代工業を倒し、10年越しの念願をかなえた数週間後の県高校総体で、あろうことか優勝を逃し、全国大会へ出場できなかった。

「能代カップで優勝した。ある意味、全国制覇だ。沖縄に帰ってきて、これから予選突破して今度こそ全国制覇だと思っていたら負けた。そしたら、居ても立ってもいられないほど落ち込む。それだけ懸けてきたから。でももう一人の自分がいて〝もっと落ち込め、もっと落ち込め〟と言う。なぜかというと、人間は落ち込みっぱなしじゃないから。ある時、やる気がむくっと起き上がってくるの。そうすると三倍返しの気持ちでやれる。そこから何が足りなかったのか分析することが大事。目をそらさずに一生懸命分析すれば、いい答えが出てくる。もっと練習すればさらに上に行ける。人生、不運なことはしょっちゅう。そこで諦めずに次の手立てを考えることが大事」

一番根底にあるのは愛情

ありえない想像をしてみた。安里率いるチームが会社組織だったら、ということである。生徒の健全育成や勝利を主な目的とする部活動のチームと、さまざまな目的や活動のある会社組織を単純には比べられないが、安里がつくるチームはなかなか大きな成果を挙げそうに思えた。

チームが目標を達成するには、リーダーが厳しければ厳しいほどうまくいくのだろうか、と私はふと考えた。

教え子たちへの取材から浮かび上がる安里像は、過酷な練習を課し、日常生活でも気の引き締まった態度を求め、上を目指すことを決して妥協しない、厳しく、激しい人物だった。長時間の練習が当たり前だった時代も長かった。100という数字を安里は好み、練習内容は体育館のコートでのダッシュ100本や、3

人でパスをしながら直線に走りシュートする練習を100本やらせたりした。学校近くの広大な米軍嘉手納基地の周囲を一周走らせることもあった。練習のつらさは教え子たちが「先生の顔を見るたびに吐き気がした」「先生が来るとしゃっくりが止まった」と表現したほどだった。練習や試合で常に気迫を全面に出し自分の限界突破に挑むことを求め、ふがいない弱気なプレーを選手たちが見せれば、激しく叱った。選手たちとぶつかりもした。

全ての教え子たちの安里への感情がどうなのかは分からない。ただ、取材し、話を聞いた教え子たちからは、高校時代の体験がその後の人生で大いに役立ったという声が何度も聞かれた。そして彼らの口調からは安里に対する何か身内への愛着のようなものが感じられた。それがなぜなのか、私は知りたかった。安里の言葉にヒントがあるような気がした。

「物事を成功させるには土台があって、それは〝情熱〟と〝勤勉さ〟だと言われている。情熱って、ただの情熱じゃない。本当にやけどしそうな、相手を思って夜も眠れなくなるほどの情熱ね。勤勉さは用意周到な準備に当たる。でもね、一番根底にあるのは、やっぱり〝愛情〟なの。それが一番大事になってくる。選手の将来を見据えた指導というのは、愛情があるからできるのであって、それがないと無理だ。自分の成績だけを考えてしまう。少しでもいいから、この子たちのためにやってやろうとか、そういう思いがあるといい」

安里がそう話した時、失礼ながら腑に落ちなかった。高校日本一を本気で目指す上で、いかに試合で勝つかが優先されるはずであって〝愛情〟という言葉がどこか建前的なものであるように思えたのだ。だが安里の教え子たちを取材するうちに、受け止めが変わった。

バスケ男子日本代表アシスタントコーチや、プロチームの新潟アルビレックスＢＢ Ａ２ヘッドコーチなどを務めた下地一明は高校進学で安里に誘われ北谷高校に入学した。高校生で１９０センチを超える大型センターとして全日本ジュニアに選ばれるなど活躍し、卒業後は中央大学（東京）へ進みバスケを続けた。大学で下地はさらに力を開花させたが、その時生きたのが、高校時代に安里から足さばきなどの基礎を徹底的に仕込まれた経験だったと下地自身は言う。

その下地の試合を安里はたびたび見に来て、傲慢なプレーを下地がすると激しく叱った。しかし、それだけではない。大学3年の時、マルファン症候群による解離性大動脈瘤を発症し大手術を受けた時も、それ以降たびたび病を発症し闘病した時も、安里が沖縄から下地の元へ見舞いに駆けつけた。そして、２０２２年1月には持病から来る脳梗塞を患い、手術と懸命のリハビリをへてようやく歩行器で歩けるようになった頃、またも安里が、下地の高校時代のキャプテンらを連れて突然、入院先に現れたのである。電話取材で、下地は安里への感謝を口にしながら声を震わせていた。

美来工科高校出身の新里龍武は天理大学卒業後、兵庫県の農園で土を使わない養液栽培の技術を学んで沖縄に持ち帰りトマタツファーム株式会社を29歳で立ち上げた。２０２１年11月からトマト生産を始めたビニルハウス内には、〈心やさしく知識と経験を積み挑み続ける〉との恩師である安里から開業に当たり贈られた直筆の額が飾られていた。

おそらく、安里はあの頃も今も、変わらない姿勢と距離感で教え子たちに関わり行動しているのだろう。どのような組織でも仕事でも、人と人の結びつきや信頼関係は不可欠である。厳しさだけで人を動かすには限界がある。何より〝愛情〟が大事だと言った安里の言葉が重みを増した気がした。

2022年6月、取材で安里に会うと、表情が以前より柔らかくなった気がした。コロナ禍をへて、どこかの専任のコーチはしていなかった。コーチをすることを「以前ほどはこだわっていない」と控えめな様子で言ったのが少し気になった。表情の変化を感じたのはそのせいかもしれないと思った。バスケへの情熱が以前より薄れたのだろうか……。

それは杞憂だった。

安里の自宅でのインタビューの後、依頼があれば引き受けているという県立前原高校女子バスケ部への指導に同行した。そこで見た安里は背筋がピンと伸びて胸を張り、顔はしっかり真正面を向いて目に力強さが宿っていた。

「ボールマンに対して抜かれるのを怖がってない？　そこなんだよ！　怖い気持ちだと腰が引ける。いいディフェンスができない。向かっていかないといけない。味方がいるから抜かれても平気。それがチームディフェンスだ！」

歯切れのいい安里の言葉が飛び、選手たちの動きに激しさが増した。安里はバスケの指導を通して人生の切り開き方を教えようとしているのかもしれない。

安里の言葉を思い出した。

「人生は一回。だったら、それだけの大きな目標を持って突き進んだ方が楽しい。僕だってほかのことはできっこない。君の（ライターの）仕事も、カメラも、ピアノも、できないことだらけ。でもバスケはこうやってコーチができる。それは沖縄、九州、日本、アジアじゃなくて、世界で譲りたくない。これだけは譲れないというものを持っていた方がいい。僕はバスケットだけは世界で一番、教えるのがうまいつもり。信じて突き進めばいい。僕の人生だから、間違ったらごめんなさいと言ってもっと勉強すればいいの。その人生の方がカッコいい」

70歳を手前にして、安里はまだコーチをしたがっているのだと思った。いや、きっとまた、人々を驚かせるチームを率いてコートに立つに違いないと、闘志溢れる安里の姿を見て期待せずにはいられなかった。

安里幸男 回顧録

私事で恐縮だが、安里幸男さんとの僕の最初のつながりは、約20年前にさかのぼる。当時、琉球大学のマスコミコースの学生だった僕は、新聞づくりの実習で、安里さんをインタビューすることを思い立った。スポーツ総合雑誌の『Sports Graphic Number』で、高校バスケットの名将として安里さんが取り上げられた記事を読んだことがきっかけだった。

その記事に僕は衝撃を受けた。スポーツの記事で、単なる試合経過の説明でない、人物の深い部分まで描き出す書き方があることに驚き、引き込まれていった。そして何より、安里幸男という監督が、この沖縄で、類を見ないような燃えたぎる情熱を持ってバスケットボールの指導に取り組んでいることに感銘を受けたのである。高校時代、弱小チームだったがバスケ部に所属していた僕は、県大会で何度も優勝した北谷高校の元監督について何となく印象に残っていたが、学校の地区も違う安里さんの背景を知らなかった。

見知らぬ大学生の突然のインタビュー依頼に、当時、中部工業高校の監督だった安里さんは、すぐに快諾してくれた。インタビュー場所がどこだったのか、今では覚えていないが、カラオケのある飲み屋に安里さんは僕を連れて行き、それまでの体験をたっぷり話してくれた。上機嫌だった安里さんは「やいま（八重山）」を熱唱した。初対面の学生の僕に、なぜここまで良くしてくれるのか、当時の僕には理解できなかった。だが今なら想像できる。同じように安里さんが学生だった頃、秋田の能代工業高校を突然訪ね、加藤廣志監督から親切に対応され、感動したことを、安里さんは僕に実践していたのではなかったか。

安里さんは、何かに感動したり、これだと思ったりしたことを目標に掲げ、それを必ず実行し続ける。

そのインタビューをきっかけに僕は本当に新聞記者になり、確か入社1年目の運動部配属だった時に今度は仕事で安里さんに会った。非常に感慨深かった。その後、新聞社を辞めた僕だが、2019年と22年に雑誌のインタビューであらためてお会いする機会をいただいた。

その時と約20年前の安里さんが話したことを振り返って驚いたことがあった。安里さんが大切にしている核の部分は変わっていない点だ。情熱を燃やし続けるにはワクワクする気持ちが必要で、それは自らつくらなければならないということや、成功するには小さな約束を守るのが重要だということ、成功の土台として最も大事なものは〝愛情〟だということなどがそれだ。信念を曲げず、愚直に取り組み続けてきた安里さんの姿が見えた気がした。

部活動の指導は仕事ではない。だからバスケのコーチとしての安里さんをこの企画で取り上げることに少々迷いがあった。だが、取材を通して、さまざまな分野の仕事で僕らが情熱を持って取り組もうとした時、安里さんが示してきた姿勢や考え方は多くの視座を与えるとあらためて強く感じた。

2022年6月に取材した日は、ちょうど記録的な雨量が連日あった梅雨の頃だった。その少し前に、安里さんは自宅庭で家族と元職場の同僚とバーベキューパーティーを催していた。予定の日の数日前から10メートル四方のテントシートを雨よけの天幕として自分で苦労して張ったと満足げに話していた。それを安里さんから電話で聞いたという教え子の源古隆さんが、バスケに取り組む安里さんの姿勢に重ねて「あんなこと（準備）を裏でやってるんですよ」と言ったのが印象的だった。「何をやるにも小さな感動を与える」ことをモットーにしていると安里さんが言っていたので、源古さんの言葉が納得できた。日々の細かい行動の積み重ねが、やがて大きな感動を呼ぶうねりになるのかもしれない。

自宅に設けた「安里幸男バスケットボールミュージアム」で新聞記事のスクラップブックの一冊を安里さんが取り出し、開いた瞬間、僕は驚かされた。僕が学生の頃に新聞づくりの実習で安里さんをインタビューして書いた約20年前のあの記事がきれいにファイルされた状態で出てきたのだ。時を越えて、懐かしい思い出に出会えたことと、それを大切に取っておいてくれた細やかさに、まさしく僕は感動をもらったのだ。

〝分からない〟を追求したことが情熱へと変わった

インタビュー #4

平和教育ファシリテーター／株式会社さびら共同創業者

狩《かり》俣《また》 日《にっ》姫《き》さん

約1年半前に創業した「株式会社さびら」のワークスペースのような部屋で、平和教育ファシリテーターの狩俣日姫は、柔らかな表情を浮かべながら、迎え入れてくれた。

主に沖縄県外からの修学旅行生や、県内の小中高校・大学生らに、平和学習として沖縄戦の戦跡や米軍基地でガイドをしたり、考えを深めるためのワークショップを開いたりするのが彼女の仕事である。

ちなみに、「ファシリテーター」とは、会議などにおいて、議題に沿って参加者から発言を引き出して整理し、まとめ、議論をスムーズに進める役のこと。

ライター業や、まちづくり関連事業をフリーランスでやっていた仲間たちと、狩俣は2022年、さびらを共同で立ち上げた。ちょうどその年、世界的な経済誌の日本版「Forbes JAPAN（フォーブスジャパン）」において、狩俣は「世界を変える30歳未満」30人に、教育部門で選出された。

こちらが少々緊張していると、彼女特有のほんわかとした表情で話し始めた。私たちがいた部屋は、隅に近い方にインタビューのための机が置かれていて、中央周辺には何もない。その広々とした空間について、平和学習や勉強会などの会社の自主イベントが開けるよう、スペースが取れるオフィスをあえて選んだと話した。会社の飼い猫がその場をゆっくり通り過ぎていった。

別のインタビューなどで狩俣は、高校生の時までは、学校で受ける平和教育の授業がむしろ苦手だったと語っていた。苦手なものになぜ向かっていけたのか、そして、苦手だったものが逆に強みになり、それを仕事とし、多くの人が注目するほどの活躍ができているのはなぜなのか。私はそれを知りたかった。

狩俣に高校生の頃までのことを、まず聞いた。

戦争体験者の講話などがある学校での平和教育について、彼女は嫌っていたわけではなかったという。

「戦争体験者の話を聞いても、内容が分からない、話に付いていけない、というところがありました。でも、周りのみんなはとっても真面目に聞いていて、理解してるんだっていうふうに見えて、自分だけが付いていけてないのかと感じたんです」

後に狩俣は気づくのだが、戦争体験者の話を理解できなかったのは、彼女自身、沖縄戦当時の用語が分からなかったり、沖縄戦全般の知識が不足したりしていたからだった。だが、高校生の時までの狩俣は、自分がなぜ平和教育に付いていけないのか、理由が分からなかった。

その状態で戦争体験を聞いた結果、爆発が起こって目の前で人が死んだ様子や、子どもの死体が転がっていた場面など、沖縄戦の知識が不足していても理解できる光景だけが記憶に蓄積されていった。それで狩俣は、平和教育のある6月の慰霊の日近くになると毎年、憂鬱な気持ちになった。

平和教育に付いていけているように見えた友人たちは、6月23日の慰霊の日にはSNSに平和を発信するメッセージを書き込み、狩俣は「みんな、意識が高いんだなー」と思った。自分だけがますます取り残されている気分になった。

だが、だいぶ後に狩俣が友人たちと話して分かったのは、友人たちも自分と同じ状態だったということである。

「ふたを開けてみたら、戦争体験者が何を話していたのか分からないけど、戦争は嫌だねーとみんなが言っている状態だったんです。戦争は嫌だし、行きたくない。平和が大切なのも理解できる。体験者がお話ししてくださるのも貴重だと思っている。でも、話を聞いて沖縄戦の情報として、知識として、どれだけ分かったかというと、分からない、という様子でした」

多くの同級生たちは〝分からない〟という気持ちを自分の中で自然と消化できていたのかもしれない。だが狩俣はできなかった。それは、彼女の中でしこりとなって残り続けた。

転機となったのは、普天間高校卒業後、ワーキング・ホリデー制度を使ってオーストラリアに1年間滞在したことだった。

同じようにワーキング・ホリデー制度や、留学で滞在していたさまざまな外国人や日本人と交流したりする中で、沖縄に関する質問に答えきれない自分がいた。同じ日本人でも、沖縄をよく知らない人からは、米軍基地のある沖縄に対する偏見の強い質問を投げかけられることも多かった。

「〝沖縄って基地がないと経済が成り立たないんでしょ?〟と日本人に言われました。それに対して〝成り立たなくなる人はたぶんいる。けれど、県民の大半が基地に頼っているわけではないよ〟とその時は根拠を示して言えなかった。また、私は高校時代に、アメリカンビレッジやライカムといった基地返還跡地がどんどん開発されていくのを見た世代なので、基地が返還されてショッピングセンターとかが建ったりすることで〝経済ってもっと変わるんじゃない？〟ということも体感しました。返還地にそれらが建つことで、国や自治体に税金が入ってくるし、基地があった時よりも雇用が増える、という見方もあるけど、当時は詳しく分からなかったから説明できなかった。そういうことがあって、モヤモヤしながら過ごしていました」

基地の返還・移設問題で全国によく知られている米軍普天間飛行場のすぐ近くで育ち暮らしてきた狩俣にとって、基地の質問に答えられなかったことは、心にグサリとくる体験だった。

日本の中の小さな県だと思っていた沖縄の歴史などが、案外、外国人に知られていた。

「私は〝海がきれい〟ぐらいしか沖縄の良さを伝えられなくて、とっても悔しかった。沖縄のことが好きな状態でオーストラリアに行ったけど、沖縄のことを私は全然知らないじゃん、住んでいただけじゃん、みたいに感じて。それで、沖縄のことを本当に何でもいいから勉強したいと思うようになったんです」

オーストラリアから帰国した狩俣は、高校時代から仲のいい友人に相談した。すると、その友人も参加し多くの学生が活動している会社へ来るよう誘われた。それは、数年前に琉球大学の学生がサークル活動を発展させて会社組織をつくり、県外からの修学旅行生への平和学習支援事業をする「株式会社がちゅん」だった。

苦手だった分野が仕事に

その会社の事業は、戦跡や米軍基地巡りのガイド、そして、沖縄戦や基地問題をテーマにした討論会の企画・運営をする内容だった。それらの業務を、会社に所属している大学生たちが報酬を得て担っていた。

平和教育は、狩俣が高校時代まで苦手としていたものだった。そうなってしまったのは、沖縄戦や基地問題について、狩俣が知識不足の状態で、教育を与えられていたからだった。

一方、その会社の事業は、大学の教育学部出身の代表らがつくった平和学習プログラムに沿って実施されていた。参加者が率直に意見を交わすことを重視し、さらに、高校生の時までの狩俣のように知識が不足している者でも付いていけるよう、初歩的な疑問にも答える教育の仕方になっていた。たとえば、知識が頭に入りやすいようにクイズを用いたり、沖縄戦や基地問題の説明でたくさん出てくる数字について理解しやすく資料で示したりしていた。「あ、平和教育って、分かりやすくできるんだ」と狩俣は目を開かれるようだった。

「〝沖縄戦の内容って分からなかったよね〟という前提が、そこにいる人たちは割と一緒だったんです。私の抱えていたモヤモヤを踏まえた上で平和学習が組み立てられていて、さらに、教育学部出身者がいたので、授業を作る形で組み立てられていました。平和学習が苦手だったからこそ、そうならないための方法を考え、戦時中の用語の意味が分からないことが原因で戦争体験者の話が理解できないのなら、その用語をしっかり説明する。会社のそういった考え方や姿勢に共感しました」

狩俣がそれまで見たことのなかった、戦争体験者でない若者たちが中心になって平和教育を実践している姿にも衝撃を受けた。高校生の時まで長年積もった平和教育に対する狩俣のモヤモヤは、晴れた。代わって心に湧いてきたのは〝私もやりたい〟という情熱だった。

沖縄関係の書籍がたくさんあったことから、がちゅんのオフィスに入り浸っていた狩俣は会社の仕事を手伝うようになる。ちょうど9月以降の一年で最も忙しい修学旅行シーズンに入る時で、人手を必要としていた会社にとっても、狩俣のような存在はありがたかった。狩俣はガイドなどの知識や技術を短期間で集中的に教えられ、身に付け、多くの実践を通してそれらを磨いていった。仕事を手伝うようになって約半年後の新年度には社員になった。

平和教育を仕事にし、報酬を得る中で、気づきもあった。

「お仕事としてやっていると、プログラムを進めているのが大学生だからという甘さは認められず責任が伴う。その大学生がちゃんと役割を果たしているかとか、プログラムの質の良し悪しは会社の評価に直結するので、会社は正しい知識を大学生に教えないといけないし、その知識を人に伝えるための大学生のスキルも高めないといけない。そして、会社では、自分の知識やスキルが上れば、それに見合った報酬が得られることとはっきりしていました。取り組みにビジネスの面があるだけで、そのクオリティーが担保されるのを見た時に、ビジネスで平和教育をやることは、悪いことじゃないんだなと気づきました」

そういった体験が後に、狩俣が仲間たちと起業する際に、自身の背中を押す要素となるのである。

一方、がちゅんは、起業から約4年半で自ら業務停止を決めた。県外修学旅行客からの事業への依頼が大幅に増え、請け負える体力以上に引き受けてパンクしてしまったことが原因だった。

事業内容が良くても、起業し、経営を継続していくのがどれだけ難しいかを、狩俣は当事者として経験した。

仕事を失った狩俣は、人材派遣会社に登録してコールセンターで働き始めた。だが、狩俣が平和教育に関わる仕事から完全に離れることはなかった。がちゅんで平和学習支援を一緒に担っていた大学生らと時折会った。

「沖縄戦や基地問題について当たり前のように語れる場を失い、みんな、気持ちの持っていき場がありませんでした。だから、みんなで定期的に会って資料館に見学に行ったり、遊んだりしていました」

苦手だった分野が仕事になった。それはやがて狩俣の人間性の一部を形成する欠かせないものになっていた。

継続していると、可能性が広がった

元会社は運営で行き詰まった。だが、やっていた事業の内容や、狩俣を含めスタッフ一人一人の顧客への対応は間違っていなかったのだろう。元会社から離れても、修学旅行で長い付き合いのあった学校の教諭と狩俣のつながりは途切れなかった。そして、平和学習のガイドや、ワークショップ実施の依頼がその教諭から狩俣に直接あり、狩俣はコールセンターの仕事をしながらそれらを引き受けた。

当時20歳くらいで、25歳あたりまでは、職が安定しなくても好きなように生きていいと考えていた狩俣は「必要とされているのなら、需要があるうちは、引き受けやすい私がやるか」という気持ちだったという。また、いずれ自分への需要が減るだろうし、ほかに平和教育の事業を担う人たちが出てきたら、その人たちに任せればいい、とも考えていた。

だが、狩俣への仕事の依頼は減らなかった。逆にどんどん増えていった。平和教育に対する需要は、やはり大きかったのである。

そして時代の流れも後押しした。持続可能な世界に向けた取り組みの「ＳＤＧｓ」に関する活動が社会で広がり、狩俣の仕事にも影響を与えた。

「〝ワークショップ〟や〝ファシリテーション〟という言葉自体も、ようやく社会で浸透してきた頃でした。ＳＤＧｓを題材にワークショップをつくれないかと依頼が来たりして、ＳＤＧｓに関する需要がちょっとずつ私の所にも来るようになりました。加えて、少し大きい仕事も入り出したので、この先、忙しくなるぞと思い、コールセンターを辞めて個人事業主になったんです」

狩俣は、フリーランスの平和教育ファシリテーターとしての仕事に専念することにした。そして、がちゆんでともに活動していた大学生だった仲間たちが、メディアに就職し、ニュース番組などで狩俣を取り上げると、彼女はさらに世間で注目されていった。

そのような中、個人で仕事をする狩俣に対して、事業の依頼主が狩俣に仕事を頼みたくても、彼女が法人でないためやりにくかったり、狩俣自身、規模の大きい公共事業などに対して、受注したくても、別の会社を通した二次下請けによる一部の仕事を受けるしかできなかったりする状況があった。個人事業主として仕事をする限界も感じ始めていた。狩俣へ会社設立を期待する声もあった。だが、会社が行き詰まる過程を一度、見てきた者として、そこへ進む気にはなれなかった。

加えて、2019年末以降、コロナ禍に入り、観光立県である沖縄への旅行が全面停止の状態に陥った。修学旅行客への事業を主とする会社を立ち上げ、経営を継続するのは、ますます難しいことのように思えた。

そんな時につながりが深まったのが、まちづくりファシリテーターとして県内で活躍する石垣綾音や、フリーランス・ライターの島袋寛之らだった。島袋らは、コロナ禍で起こる沖縄のさまざまな問題について、YouTubeチャンネルでざっくばらんに議論する会を開いていた。彼らの間で、それぞれの分野の強みを合わせた、沖縄の将来のためになる会社設立の話が出ていて、狩俣も参加を誘われた。「修学旅行だけで会社を興すのは絶対に無理」と考えていた彼女にとって、その誘いは、可能性の広がりを感じさせるものだった。

「平和教育や修学旅行事業のほかに柱があるというのが、すごく心強かった。コロナが明けたら、もっと規模の大きい仕事の依頼が来るかもしれないけど、個人だから受けられない、という段階にみんないました。そして何となくだけど、それぞれがやっているお仕事をお互いがカバーできるんじゃないか、という感覚もあったんです。私はライティングをしたことがなかったけど、ライターの方に私の仕事の現場を見せてレポートを書いてもらい、それを平和教育の実践報告の記事として売ったり、平和教育の現場で教材にして使ったりするとか。また、まちづくりファシリテーターの石垣とは一緒にワークショップをしたり、石垣の知識や技術を平和教育の現場に生かしたりして、すごくいろいろなことができると思いました」

石垣、島袋らの沖縄に対する強い思いを感じたことも、狩俣が会社設立に加わる決め手になった。

沖縄の本土復帰から50年にあたる年の2022年6月、次の50年を視野に入れた事業をするという意味を込めて、狩俣らは、株式会社さびらを設立した。そして同年8月、狩俣はタイミングよく、経済誌『Forbes JAPAN』の「世界を変える――」に選ばれた。

未来は私にも分からない。だから、みんなで考えよう

「私たちが2023年に、県内の学校へ実施した平和学習の事業は、6月だけで18校ぐらいありました。コロナの影響を受けた年とは単純に比較できませんが、それでも、私がフリーランスとして一人でやっていた頃は、同じ時期に5校ぐらいしか回っていなかったので、県内の学校がすごく増えましたね。県外の学校の平和学習も、2023年6月は県内と同じくらいの数を受け入れました」

2022年の会社設立後の実績を、狩俣はにこやかな表情で説明した。

平和学習プログラムで、狩俣が大事にしているのは、児童・生徒たちが自分で疑問を持つことや、沖縄戦などで当事者になったつもりで考えること、そして、周りの人たちと率直に意見を交わすことだ。だから、狩俣の方から〝こうあるべきだ〟という意見は言わない。

転機になった出来事がある。修学旅行で沖縄に来た東京の学校の生徒たちに、平和学習プログラムを実施していた時だった。

プログラムが終わり、何人かの生徒が狩俣の元に近づいてきた。そのうちの一人が言った。

「自分は過去に戦争があったことも分かるし、その戦争がとても悲惨だったことも理解している。平和がいいのはもう分かっている。でも、そのためにどうしたらいいかは、誰も教えてくれない。これからどうしたらいいんですか？」

その質問に狩俣はとっさにこう答えていた。

「言いたくないから自分で考えて」

自身の中で急に湧いてきたその時のモヤモヤが何だったのか、狩俣が考えていると、気づいたことがあった。

「〝平和になるためにこうしたらいい〟と言うことは、戦前の洗脳教育と変わらないなって思ったんですよ。生徒たちの思考を止めて、そこへ向かって体を動かせばいい、とさせることが、平和教育として正しいことなのかなと気になって。その時に、私はそれをしたくないと思ったんです。それに、私だって何をしたらいいのか分からないや、って気づきました」

過去や現在のことは、知識を身に付けた自分が教えられる。でも将来のことは、自分が未来から来たわけではないし、占い師でもないので教えられない。そう思った。

「〝みんな同じだから、これから先はみんなで考えようぜ〟っていう考え方が、すごく腑に落ちました。やっぱりみんなで考えないと、誰かを取り残してしまうことになるし、そうなれば格差が生まれてしまう。それは避けたい。たくさんの人たちが話し合ったり、声を上げたりする民主主義がちゃんと機能するためには、みんなが何を思っているのかについて考え、それまでに何があったのか知らないといけない」

自分は〝対話〟をやりたいのだ、という気持ちが、質問をしてくれた生徒のおかげで狩俣の中でより明確になった。

インタビュー中、ほんわかとした狩俣の表情が、ひと時、曇った場面があった。平和教育の仕事をしていく上で、決して忘れられない出来事を話した時だった。

慰霊の日に、平和祈念公園内の平和の礎に訪れた人々へ、礎に刻銘された戦没者との関係を聞いて回っていた。ある老夫婦とみられる二人に話を聞こうと声を掛けると、その瞬間、彼らは即座に首を横に振り、小さな声で一言言った。「ごめん……」

「あっ、となって。〝話せない人がいるんだ〟っていう当たり前のことにすごく気づかされました。当然ですが、戦争体験者は語れる人しか（表に）出てこないじゃないですか。体験者にとっては、生きてて良かったという単純な話じゃない。今も話せない人がいて、だからこそ戦後を沖縄戦からの地続きで見ていかないといけないな、とも思いました」

高齢となった戦争体験者がこの世からどんどん去っていき、いずれ体験者から直接話を聞くことはできなくなる。その時に、体験者の証言が、十分にありのままの状態で伝わらない恐れがあることを狩俣は危惧する。

「戦争体験者が語る時、講話だと、沈黙したり、口が重くなったり、ワーッと泣きながら話してくださったりします。けれど、証言が記録として残った場合、文字だと伝わるように伝えられたりする。映像も、やっぱり多くは言葉をきちんと話している形でしか残らない。そういうふうにして体験者の証言が教材になっていく怖さとか、直接話を聞くことのできる強さのようなところは、あの老夫婦に出会った体験があったから考えるようになりました。自分は戦争体験者と同じことはできないけど、体験者から直接話を聞いて受ける感覚をどうやったらほかの人たちへ伝えることができるんだろうというのは、すごくずっと考えています」

狩俣の目から涙があふれ、ほほを伝っていた。語れないほどの傷をいまだに抱えている戦争体験者の気持ちを感じているからなのだろう。そういった人々の声をすくえないことへのやるせなさも、彼女の中にあるのかもしれない。

20代の若さで、圧倒的に大きな課題に狩俣が日々向き合っていることをあらためて感じながら、彼女にとっての原動力とは何かを尋ねた。すると、表情がまた明るくなった。

「やっぱり、一緒に取り組んでくれる人がいることですね。それは、最初もそうでした。沖縄のことを一人で勉強していたら、たぶん飽きてすぐに終わっていたと思うんです。たまたま、がちゅんっていうコミュニティーがあって、そこへ行けば一緒に勉強する人たちがたくさんいて意見交換ができたし、ガイドでも一緒にフィードバックをしてくれる人たちがいました。フリーランス時代も、一緒に取り組んでくれる大学生が周りにいて、ファシリテーターの先輩として石垣がいた。あとは、平和教育の分野で歴代の先輩方がいらっしゃったのでいろいろ教えてもらっていました。そういう関係性があったから、私は重たいテーマにずっと向き合い続けることができたと思います」

現在のさびらでも、同僚たちに支えられ、活動の幅を広げられていると強調する。

「私は今、ライティングもやっていますが、私一人なら、現場が忙しいし教材もつくらないといけないので、ライティングは絶対やってなかったと思います。そういったことにチャレンジできるのも、安里拓也と野添侑麻の二人が今、チームにいて、彼らが平和教育の仕事を分担して一緒にやってくれているからです。そのような仲間がいることが原動力ですね」

彼女が今後、やりたいことは、大人や一般向けの平和学習の開催だという。平和について子どもたちに教えるのも、本来、一番身近にいる大人であり、社会において意思決定や影響力が大きいのも大人だと考えるからだ。

仕事と自身の生活が溶け合っているかのような印象も受け「狩俣さんにとって仕事とは?」と問いかけてみた。すると若者らしい無邪気な笑顔を浮かべた。

「私にとっても仕事は仕事ですよ。プライベートの時間を使ってまでするのは絶対無理なので。仕事だからこそ、責任を持って、最大の効果とか、ゴールを目指せるという感じです」

社会的に良いことをしているという面で多くの応援がある。だからこそ、今の仕事を続けられているとし「なので長期的には、こういう人になりたいとかはないです」と彼女は言い、笑った。

幼い頃から抱いてきた自分の中のモヤモヤに対する答えを見つけ、その道に進んだ。自身への需要に対して真摯に向き合い、全力で応えてきた。そんな狩俣らしい言葉のように思えた。

狩俣日姫 回顧録

狩俣日姫さんから話を聞き終えて、高校生の頃まで狩俣さんが、平和教育を受ける授業を苦手としながら、その後、自身の強みとしてその分野を職業にし、活躍していけているのはなぜなのか、理解できたような気がした。

狩俣さんは、平和教育に対して〝分からない〟ということを、おそらく周りの同級生たちよりも重く受け止めていた。それは、もしかすると〝もっとちゃんと知りたい〟という思いが、人一倍強かったからではなかったか。どうでもいいと思えるものなら、分からなくてもそれほど心に残らない。

〝分からない〟ということを受け止める姿勢は、沖縄に関する質問にほとんど答えられなかったオーストラリア滞在でも同じだった。その経験が、狩俣さんに「沖縄のことを何でもいいから勉強したい」という気にさせた。そして帰国後に行動した結果、苦手だった平和教育に対する認識が完全に変わるやり方に出合い、開眼し、平和教育の分野に進んでいった。

苦手だからとか、分からないからと言って、それを簡単に頭から追いやらず、持ち続ける。なぜそうなのか考える。そうすれば、狩俣さんのように何かのきっかけで、苦手だったものが得意分野に変わることがあるかもしれない。

今回のインタビューの機会に、狩俣さんが米軍嘉手納基地で、福島県立白河実業高校塙校舎の生徒たちへガイドする様子も見せてもらった。嘉手納町は、僕が新聞記者だった頃の地方部時代に3年間住んでいた町だ。

狩俣さんは、道の駅かでな向かいの、通称「安保の見える丘」周辺の基地フェンス前に、生徒たちを移動させた。フェンス内には、防音壁との間に畑がある。狩俣さんはそこを指し「誰の土地なのか考えてみて」と生徒たちに促した。日本、沖縄、米軍の三者を選択肢に挙げた。生徒たちの意識が一気に、狩俣さんへ向くのが分かった。

「沖縄の基地問題を考える上で、誰の土地か、何のための土地なのか考えることは大事です」

狩俣さんが言った。それから、嘉手納基地が現在、米空軍の施設になっているが、もともとは住民の集落があった土地で、旧日本軍が住民に土地を提供させ飛行場を造り沖縄戦中に使用したこと、戦後は米軍が飛行場を利用し使っていることを説明した。基地内の余っている土地で沖縄の住民が耕作し、米軍がそれを「黙認」しているが、元をたどれば沖縄の人たちの土地だと強調した。

暮らしの目線から話を広げていく狩俣さんの説明は分かりやすく、頭に残りやすかった。問題や状況がぐんと身近に感じられた。そして僕は、新聞記者時代、基地問題に関する記事をずいぶん苦しみながらいつも書いていたことを思い出していた。なぜあんなに苦しかったのか。それは、理解が不十分な所を残しながら、それでも締め切りに間に合わさなければならず、何とか原稿を書いていたからだと思えた。僕は、自分の〝分からない〟に向き合っていただろうかとふと思った。取材すべき問題を自分の暮らしにいつも引き付けて考えていただろうか。狩俣さんと接したことでさまざまな問いが浮かんできた。書き手として、自分の〝分からない〟に向き合うことは、読者に思いを馳せることでもあるはずだ。

狩俣さんが今、多くの人の関心を引く仕事ができているのは、単に平和教育への需要が大きいからでなく、狩俣さんがそれまでの歩みでも示してきたような、〝分からない〟にきちんと答えているか、見せかけでなくしっかり理解しているか、ということを大切にしているからだという気がする。

やりたいことを自分で口にするように意識している

インタビュー #5

ラジオパーソナリティー／カフェ経営

玉城《たましろ》 美香《みか》 さん

ラジオ局のスタジオから出てきた玉城美香は、少し前まで喋っていた生放送中と変わらない明るさと声のトーンでインタビューに応じた。10代でラジオパーソナリティーを始め、今や、沖縄のラジオパーソナリティーと言えば、多くの県民が彼女の名前と、笑顔が見えるような声を思い浮かべる存在になった。

だが苦しんだ過去もあった。最も大きな転機は、２００2年4月、ラジオ沖縄で人気だった昼の生放送番組を引き継ぎ「チャットステーションL」を始めたことだった。パーソナリティーを務めてしばらく、玉城は迷路に迷い込んだ状態に陥っていた。

それまでの番組でパーソナリティーだった岩井証夫の存在感が、あまりにも大きかったからである。独特の辛辣な言葉を使いながらも、愛や優しさ、ユーモアを感じさせる喋りが、岩井の持ち味だった。彼が盛り上げ、リスナーと築き上げてきた番組の雰囲気を壊さないよう、玉城が心掛けたのが、岩井の〝色〟に寄せた喋りだった。平日午後2時から4時まで放送されていたその番組は、岩井の担当の頃は、「グッドアフタヌーン沖縄」という彼の決まり文句で冒頭始まり、玉城はそれさえも同じようにやっていた。自分色では全くないと感じながら……。空回り感だけが、玉城の中で積み重なっていった。

「岩井君はああいうお喋りをしていたし、やっぱり比べられるんですよね。男性、女性それぞれのパーソナリティーに持たれる印象もどうしても違ってくるし、コメント力も比べられる。だから私は一生懸命、岩井君に寄せなきゃいけないんじゃないかなーって思って。たぶん、それが苦しかったんですよね」

番組では、パーソナリティーである玉城が、リスナーから送られてくるメールをパソコンで開いて自ら目を通し、採用か否か振り分け、読み上げていた。メールはもちろん、番組中にも届く。中には、玉城を前任者と比べ「岩井の方がよかった」などという、容赦ない非難が多く書かれた内容もあった。

玉城は、ラジオで初めて一人喋りをするチャットステーションLを担当するにあたり、ラジオパーソナリティーとして、しっかり独り立ちする覚悟を決めていた。それでも、リスナーからの厳しい便りは、さすがに心にこたえた。

そんな時、高校時代の同級生で、後に夫になる恋人から言われた。

「なんで無理してそんな喋りをしているの？　もっとナチュラルでいいんじゃない」

ハッとした。それから、同じようなことを周りから言われる機会が少しずつ増え、こう思えるようになった。

〈そのままの私でいいんだ〉

番組で、徐々に自分を出せるようになると、過去の記憶がよみがえってきた。高校卒業後すぐに、ラジオ沖縄の若者向けの深夜番組「ＲＤＡＹＳへのへのうしし」でパーソナリティーの一人として活動し始めた時のことである。「ＲＯＫヤングシャトルとんでもＨＡＰＰＥＮ（ハップン）！」という人気番組を引き継ぐ形で番組が始まり、その頃も重圧に苦しんだ。自分がリスナーに受け入れられているのか想像がつかず、パーソナリティーを始めて１週間後に、当時のディレクターの前川英之（後に社長）へ辞めたいと伝えると、前川から「君たちのそういう壊れてしまいそうなところも、同年代のリスナーの子たちが共感できるでしょ」と励まされた。それからは、ありのままの自分を出していけるようになった。すると、リスナーから番組に届くはがきや手紙の束が回を追うごとに厚みを増していった。気がつけば、番組をもっと続けたいと思うようになっていた。〝自分をさらけ出す〟必要性を実感したのは、その後にラジオカー・レポーターを務めた時も同じだった。

「チャットステーションL」を始めてしばらくしてから思い出したのは、そういった体験だった。

「私もちょっとこう、カッコいいDJふうに喋らなきゃいけないと思っていたけど、私をさらけ出すことによって、レポーター時代を思い出したんですよ。相手の懐に入る時って、自分をさらけ出すと、受け入れてくれる。だから、チャットステーションでもそうやると、リスナーとのキャッチボールがしやすくなったんですよね」

玉城が番組を引き継いだ当初、リスナーから届くメールの数は1日50件ほどだったが、その後、1日300件ほどまでに激増した。スポンサー企業の数もどんどん増えた。

玉城は、大きな手ごたえを得た。

その後、結婚し出産を経て、気持ちの面でより強くなり、さらに自然体でパーソナリティーを務めることができるようになったという。

こうして、玉城が自らの出身地にちなんで自分を〝糸満のネーネー〟と表現し、リスナーからは「みーかー」

の愛称で呼ばれるような、誰からも親しまれるラジオパーソナリティーとして広く認知されていった。リスナーと楽しく遊んでいるような愛嬌のある喋りと、本音トークによる〝玉城色〟溢れる番組となった「チャットステーションL」は、彼女が担当して以降、15年続く、長寿の人気番組になった。

やりたい方向へまい進するも、子育てとの両立で苦悩

玉城がラジオパーソナリティーの道へ進む最初のきっかけを得たのは、高校生の時である。

糸満高校1年の時、国語の教師に声質の良さを見出され、吹奏楽部と並行して、その教師が顧問を務める放送部で活動を始めた。2学年上には、全国の高校放送コンクールなどで活躍する憧れの富田めぐみがいた。その富田が高校卒業後、ラジオ沖縄の「とんでもＨＡＰＰＥＮ！」でパーソナリティーを務めるようになり、彼女が最初の年に夏休みを取った時、まだ高校2年生で、生き生きと放送部で活動していた玉城に代役を頼んだ。それが玉城にとってラジオで喋る最初の経験になった。

大きな体験をしたもののラジオ業界へ進む意思が特になかった玉城は、高校卒業後、大学浪人生活を送ることになる。だが、彼女をラジオ局は放っておかなかった。富田が「とんでもＨＡＰＰＥＮ！」を卒業することになり、後継番組の「へのへのうしし」が始まるにあたって、玉城はまたラジオ局から声を掛けられた。オーディションを経て、今度は正規のパーソナリティーの一人として採用されたのである。１９９４年4月、同番組で、玉城のラジオパーソナリティー人生はスタートした。

ラジオ沖縄の公式ＹｏｕＴｕｂｅチャンネルでは、開局60周年企画として、過去の番組の一部を聴くことができ、そこでは、駆け出しの頃の玉城の声が少し聴ける。ほかのパーソナリティーである岩井証夫、稲嶺貴子との会話の中で、屈託なくよく笑う声は今と変わらないが、微かに控えめな印象も受ける。だが玉城はそこから、自分の中のやりたいことに気づき、進んでいくようになる。

「へのへのうしし」が4年目に入っていた頃、その番組で同時期にパーソナリティーを始めた仲間たちが、朝の帯番組を持つようになったり、ラジオカー・レポーターを務めるようになったりしていて、活躍の場をほかへ移していた。「なんで私だけが同じスタジオの箱の中から飛び出せないんだろう」と悩んだ。

そんな時、玉城は、自分の願望を口にした。

「私は、レポーターをやりたい」

さまざまな場面でそう発言した。すると、ＦＭ沖縄からラジオカー・レポーターのオーディションへの誘いが来た。「へのへのうしし」をそろそろ卒業しようかと考えていた時だった。審査を通り、念願かなってレポーターになることができた。

「私は、やりたいと思ったことを、自分で口にするように意識しています。夜のスタジオももちろん楽しかったけど〝私はレポーターをやりたい〟と言うことで、気がつけば、自分もちゃんとそれに向かって動くようになっていたし、私の言葉もちゃんと届いてくれていた。だから、言葉にすることって大事だなって思っています」

自分の願望を口にし、実現させるという形は、それ以降、玉城が自分の人生を前進させるスタイルになった。それは、ラジオカー・レポーターとして充実した日々を送る中、〝いつかスタジオで一人喋りがしたい〟という願望が芽生えた時も同じだった。思いを公言しているうちにラジオ沖縄から2002年に、後任パーソナリティーとして誘われたのが、「チャットステーションL」だった。玉城が27歳の時だった。

やりたい方向へまい進し、願いを次々実現してきた。だが一方、「チャットステーションL」を長く続ける中で、結婚後、3人の子育てと仕事の両立は、決して簡単ではなかった。

「いやー、厳しかったですね。私が子どものことで何かあると、極力、休ませてくれる体制は番組で整えてくれていましたが、やっぱり特番や公開放送がある時は、何が何でも私が行かなきゃいけなかったので、家族に迷惑かけてしまうことはありました。そういう時は、夫や、私の母が全面的にサポートしてくれたり、時には姉が助けてくれたりしたので、子育てをうまくこなせていたんですけど、子どもたちが成長して、それぞれ部活とかやりたいことを始めたら、私の手が回らなくなってしまって」

子どもたちにやりたいことを思う存分させてあげたい。一方で、準備を十分にして仕事には臨みたい。だが番組に招くゲストの下調べができなかったり、仕事柄、多くの情報に触れておかなければならないと考えていたが、それもままならない状態が続いたりしていた。アウトプットだけをして、自分がどんどん空っぽになっていく気がした。

それでもリスナーの期待に応えたい思いは強く、県外での公開放送に日帰りで臨むこともあった。泊りがけの出張の際には、家を不在にする日数分の家族の食事を冷蔵庫に用意した。

一瞬も気の抜けない一人喋りの生放送を最初の12年間は平日毎日、最後の3年間は平日4日、担当し続けるのである。そんな生活で心身への無理がたたったのか、突発性難聴を発症し体調を崩していたことを、今回初めて明かした。

子どもたちにはこう言われた。

「家でのお母さんと、外で喋っているお母さんは、間違いなく外で喋っているお母さんの方が生き生きしている」

複雑な気持ちになった。

「〝いや、家でも楽しいよ〟って私は言うんですけど。でも娘たちにそう見えているってことは、まあパーソナリティーとしての〝玉城美香〟を私はちゃんと自分でつくれてるんだーって思う反面、家庭をもうちょっと大事にしなきゃなって思うところもあって。反省しました」

生放送番組は続けたかったが、仕事を一度リセットして、家族への対応を整理し、自分の体調を整える必要性を強く感じるようになっていた。2年ほど悩んだ末、玉城は番組を卒業することを決断する。ディレクターらも受け入れてくれ、前任の岩井時代も含め20年近く続いた番組は幕を下ろすことが決まった。

番組終了の日、ラジオ沖縄の社屋屋上からアドバルーンが高々と上がった。広告部分には「みーかーありがとう」の大きな文字が見えた。リスナーたちが自主的に企画し、玉城へ贈ったものである。玉城に対する多くの人々の愛が溢れていた。

やりたいことを続けてきた玉城にとって、それを一度手放すことは、苦渋の決断だっただろう。だが、苦しんだ日々もラジオパーソナリティーとして決して無駄ではなかった。

「リスナーにとっても、みんなで番組をつくり上げてきた感覚があると思います。失敗と挫折は誰もが繰り返すと思うけど、私もそう。だからこそ、みんなの話に共感できるし、悩んでいることも分かる。私が言う愚痴にも、みんなが分かるって反応してくれたんだと思います。だから、一緒に成長する感覚でみんなと歩んできたのかなという気持ちでいます」

最後の放送は、涙声になりながら、鼻をすすりながら、それでも懸命に明るい声を出して、玉城はリスナーの便りを読み続けた。最後まで、ありのままの自分をさらけ出した。放送を終え、ラジオ局の出入り口で待つ約１００人のリスナーたちに労をねぎらわれながら、玉城は笑顔で番組を卒業した。

ラジオの生放送で、彼女の声が次に聞けるのは、いつだろうか。多くのリスナーがそう思ったことだろう。だが、チャットステーションLを終えて1年もたたないうちに、玉城は再び、ラジオ沖縄の生放送番組に戻ってきた。今度は朝の帯番組である。

「子どもたちのことも一回整理できたし、自分の考え方や性格を見つめ直す時間も取れた。やっぱり私は生放送が大好きだな、というのも感じ取れました。以前は、楽しい時間なんだけど2時間やらなきゃいけないと思って苦しかったところもありました。でも、あらためて、現場って私、大好きだなーと思って」

玉城が始めたのは、新番組「ＢＡＬＬＯＯＮ〜バルーン〜」のパーソナリティーだった。番組名はもちろん、チャットステーションＬを卒業する際に、リスナーたちが玉城へしてくれたことにちなんだものである。

「番組を、夜にやって、お昼もやったので、50歳ぐらいまでには、朝の番組でお喋りしたいとずっと口にしてたんですよ。だから、こういう機会をいただいて、とても不思議な感じがします。こんなに早く（ラジオ沖縄が）朝の番組で戻ってこいって言ってくれたのはうれしいし、願いが形になったので、もう感謝しかないです」

晴れ晴れとした表情で笑顔を見せる玉城がいた。

好きな仕事で活躍したいと願う後輩たちへの一言を求めると「〝やりたいことはこれで合っている？〟と常に自問自答できる人でいてほしい」と言い、「そうすると新しい違うアンテナをどんどん広げてみようとなる」と話した。

コロナ禍をきっかけに、やりたいことをやろうと決意

玉城を初めてインタビューしたのは、彼女が「ＢＡＬＬＯＯＮ」を担当するようになって約１カ月半後の２０１８年11月のことだった。その時、玉城は最後にこう言った。

「とりあえず今は、朝のこの番組をたくさんの人に聴いてもらえるようになりたいです。次にどうしたいかっていうのは、まだ決まっていません。次の目標ができたら、連絡します」

コロナ禍を経て、世の中が落ち着きを取り戻し始めていた２０２３年、玉城がカフェをオープンさせたことを彼女のＹｏｕＴｕｂｅチャンネルで知って驚き、再び会いにいった。

小学生の頃から、家族のためによく料理をしていた玉城だったが、大人になって一人暮らしを始めると食生活が乱れてしまい、その影響からか、出産後は体調不良に陥り、食事の重要性を痛感したと最初のインタビューで話していた。食育に関する講演会の司会を務めたり、糸満市在住の農家で野菜ソムリエ上級プロの徳元佳代子を自身のラジオ番組に招いたりしたことがきっかけで、食について勉強するようになり、日本野菜ソムリエ協会の野菜ソムリエプロや、アスリートフードマイスター2級の資格などを取得したと言っていた。それらの知識を生かして、野菜に関するラジオ番組を持つようにもなっていた。

沖縄本島南部の糸満市真栄里の海岸に、木の造りが印象的な白い建物があり、その2階が玉城の経営するカフェだった。入口に、店名を示す「ＭＩ－ＣＡＦＥ　ＫＯＫＯＣＨＩ（ここち）」の看板が立っている。店内に足を踏み入れると、お昼のその時間帯はほぼ満席で、ラジオの時と変わらない気さくな様子で客とやりとりする玉城がいた。玉城にも客にも、弾ける笑顔があった。

なぜ突然、カフェを開いたのか、尋ねた。

「コロナの期間、お仕事もできることが限られていたじゃないですか。それが何年先まで続くか分からなかったし。だったら、やりたいことをしようと思ったんです。せっかく取った資格を生かして、将来はカフェを開きたいと思っていました。お客さんに私がちゃんと対面で説明しながらお話ができるお店です。糸満は漁師町のイメージがありますが、農家さんもたくさんいて、おいしい野菜がたくさんある。それを私自身がお店で伝え、私のラジオを聴いてくださっている方々が足を運んでくれて、糸満のファンになってくれたらいいなーと考え、やろうと思っていたことを前倒ししたんです」

カフェを開くことは、玉城にとって当初、50代後半から60代の目標だったが、実行すると決めると、4年目に入っていた「ＢＡＬＬＯＯＮ」を卒業することを申し出、２０２２年末で番組を終えた。玉城の末っ子が中学へ入学するタイミングで、子育ての負担が減ることもカフェを開く後押しになったという。常々助言をもらっていた徳元佳代子にカフェを構えたいと相談すると、糸満市内で近く、飲食店のいい空き物件が出ると知らされた。場所を聞くと玉城の出身地域で、まさに運命的な巡り合わせだった。物件のオーナーへ賃貸の約束を取り付け、野菜ソムリエ仲間の一人にシェフの担当を依頼し、さらに姉へキッチンの手伝いをお願いして、店舗が空いた翌月の２０２３年2月にはすでに店をオープンさせていた。

「だから、引き寄せるつもりでやるんです。面白いですよね。こう、やりたいって言ったら、みんな巻き込まれているし」

茶目っ気たっぷりに話す玉城の言葉に、キッチンの中にいたシェフと姉が大笑いした。仕事と子育てで最も苦しんだ時期を乗り越え、玉城はさらにパワフルになったようだった。

「私がラジオの何が好きだったかというと、リスナーさんとの会話がとっても好きだったんですよ。それがエネルギーに変わってたんですね。コロナでみなさんに全然会えなくなっていたけれど、私がカフェをオープンさせたことで、みなさんが来てくれるようになった。久しぶりの人たちに会って会話をすると、私自身、すごく元気になるんです。だからお客さんが来たら、だいたいいつも話しかけてお喋りしています」

今後の仕事の方向性を尋ねると「職業は一つじゃなくてもいい」ときっぱり言った。ラジオパーソナリティーとカフェ経営、司会の仕事をしていること以外にも、糸満市教育委員や子どもの学校のＰＴＡ副会長として活動していることを挙げ、それらを今後も並行してできたら、と意欲的に話した。そして、２０２４年４月からは、ラジオで新たに夕方の生放送番組を受け持つ予定であることも明かした。

玉城に、人生や仕事で迷っている者への助言を求めた。「そんな偉そうなこと、言えないですよ」と笑いながら、こう答えが返ってきた。

「自分の人生だから、自分がしかつくれないじゃないですか。自分が食べたもので自分の体がつくられるように。だから、やりたいことは時間がかかってもいいし、やってもいいと思います。あとは、いかに人を巻き込むか（笑）。私一人だったらできないけど、いろんな人がいて力になってくれるし、一緒に楽しいことをつくっているという感じで私はやっているので」

さまざまな経験を経て〝やりたいことをやる〟と、より一層、心に決めた意志が伝わってきた。周りの空気が一気に活気づくような声に載って、爽快な風が駆け抜けた気がした。

玉城美香 回顧録

学生時代、通学用の自家用車で過ごす時間が長かった僕は、午後2時になるとカーラジオから流れてくる「チャットステーションL」の玉城美香さんの喋りに、一人でよく笑い、ハマってしまった。きれいごとではない本音トークにとても親近感を覚え、自分も番組に参加したくなり、それまでやったことがない行為だったが、勇気を出して2度ほどメールを送った。

玉城さんが初めてパーソナリティーを務めた深夜番組の「へのへのうしし」も、ベッドの枕元にラジオを置き、耳を近づけてよく聴いていた。

だから、インタビューで玉城さんが話してくれた自身の歩みや、その時々で考えていたこと、仕事で心掛けてきたことなどの話は、当時の番組を聴いていた僕にとっても大変興味深いものだった。

中でも、2018年11月に初めてインタビューした際に、玉城さんが言った「やりたいことを言葉にするのって、大事だと思う」との発言は、とても印象に残った。玉城さん自身がそれぞれの場面で苦闘しながらも、やりたいことを口にし、それを次々実現させ、人生を発展させていたからである。

ただ僕の中で、元から親しみやすく、輝く個性を持っている玉城さんだからこそ、そうなり得たのではないか、と考える自分も正直いた。願望を口にしたとしても、誰もがそれを実現できるわけではない、とどこかで思っていた。玉城さんの華やかな人生をちょっぴりうらやんでもいた。

だが、その頃、人生やその先の仕事をどうしたいのか、今よりさらに迷っていた僕は、玉城さんのその言葉を信じたい気持ちになっていた。

それで、雑誌のインタビュー企画でバスケットボール指導者の安里幸男さんから話を聞いた時、僕はこう口にしていた。

「いつか、安里さんの半生をまとめて本にしたい」

安里さんは僕がサラリと発言した願望を聞き流さなかった。沖縄バスケ情報誌『OUTNUMBER』の金谷康平さんを早速、僕に紹介してくれ、「それなら今、出版しよう」となると、僕は県内外の出版社に企画書を送りまくった。すると、沖縄出身の若い編集者がいる双葉社につながり、社内で検討してもらった結果、出版に応じてくれることになったのだ。著者は安里さんで、僕ともう一人のライターの長嶺真輝さんが文を担当し、わずか3カ月余り後の2023年12月に『日本バスケの革命と言われた男』は完成し、全国発売された。

超短期決戦の作業にふらふらになりながら、僕は、玉城さんが言っていた、やりたいことを口にすることの威力をまざまざと実感していた。

願望を口にするだけでなく、チャンスを与えられた時に、どれだけ全力を尽くし個性を発揮できるかで、次の展開が変わってくるのだろう。玉城さんの話を聞いていると強くそう思う。これからも訪れるであろう大小さまざまなチャンスに、僕もそうありたい。

玉城さんが、自分の中の壁を乗り越える時にしたような、ありのままの自分をさらけ出す必要性について、最近僕はよく考えるようになった。文章も同じように、建前の言葉では読者に響かない。果たして僕は自分の言葉で語っているだろうか。人生や、ほかの分野の仕事のさまざまな場面でも通じることだと思う。

コロナ禍で世の中の先行きが見えない時、普段から臆病な僕は、さらに委縮していた。そんな時、守りに入るどころか、カフェを開きたいという将来の目標を前倒しして実現させた玉城さんに胆力を感じた。それは玉城さんが、これまでの人生で困難や悩みから逃げずに真正面から向き合ったからこそ培われた力のように思える。そう考えると、40歳前後と遅かったが、人生と仕事について迷い、深く悩んだ僕の時間も決して無駄ではなかった。

目標達成って、たぶん原則は同じ

インタビュー
#6

元国連開発計画防災専門職員／
元米州開発銀行職員

仲《なか》村《むら》 秀《ひで》一《いち》朗《ろう》 さん

インタビュー当時、「米州開発銀行職員」の肩書を持っていた彼は、目標に向かって突き進む勢いを感じさせるオーラを身にまとっていた。だが、キラキラした表情の仲村秀一朗の口から聞かされたのは、意外な少年時代だった。つらかったはずの体験を、彼はサラリと口にした。

小学校時代から、地元である中城村内の童話・お話・意見発表大会へ学校代表として出場するなど、人前で話したり、自分の意見を言ったりするのを臆しない、のびやかな子どもとして育った。だが、彼の家庭環境は彼が望まない方向へ進んでいった。中学2年生の時、母親が息子である自分を残して家を出ていった。銀行員で常に忙しく働いていた父は早朝から深夜まで家におらず、さらにアルコール依存症を患っていた。社会一般で言われる〝教科書通り〟の生き方って、自分の人生にはないのだと、彼はそこで気づいた。

「離婚したら普通、母親が親権を主張するじゃないですか。うちの母親は一つも主張しなかった。世間では、普通の子どもだったら、育てられて、高校へ行って、大学に行ってって、それが正当な生き方みたいに思われるけど、もう中学生でそこらへんが取っ払われちゃって。そこから、なんか、ある程度覚悟みたいなのが決まって……」

思春期真っただ中の10代半ばに、秀一朗は、母親に頼ることも、甘えて反抗することも許されなくなった。彼は自分と向き合った。幸い、小学校時代から、距離のある学校へ毎日徒歩で登下校する時など、一人でさまざまなことをよく熟考し、自分と向き合う習慣ができていた。両親への憤りは当然湧いてきた。だが彼は、負の感情に浸り続けることはしなかった。

「確かにきついと思いますよ。でも、日本という先進国にいて、家もご飯もあって、餓死するわけでもない。学校に行き、義務教育も受けられる。生活保護とかも充実してるじゃないですか。アフリカとか途上国の子どもたちに比べたら、こんなの屁でもないだろうなって。これを理由にグレるのは言い訳にしかならないと思っていました」

置かれた状況を前向きに捉えられたのは、「想像力」によるところが大きかったと、彼は振り返る。小学生の頃から読書が好きで図書館にいる時間が長かったことや、飢餓や貧困に苦しむアフリカの子どもたちについて授業で知ったり、自宅に唯一あった漫画セットの『はだしのゲン』を読んだりしたことが、想像力を働かせることに役立ったという。おじとおばが、母親代わりになってずっと助けてくれたことも、彼が道を踏み外さなかった要因だと明かした。

秀一朗は希望を見失わず、自分の心に正直に、やりたいことをやる方向へ積極的に進んでいった。得意だった英語の学習に特に力を入れ、普天間高校1年生の時には、先生に誘われ、全国の高校生や米軍基地の生徒らが集い国際会議を体験する模擬国連大会に参加した。父親にお願いして費用を出してもらい、米オレゴン州へ短期留学で行ったのも高校生の頃だ。

「当時から、英語だなっていうのがあって、目の前に提示されたチャンスをつかもうというのはありましたね」

進学した沖縄キリスト教学院大学で、秀一朗は1年生の時に、早くも就職活動を始めた。家庭環境が不安定だったことから、卒業後の進路を早めに決めておきたかったのだ。合同企業説明会へ行き、父親の職業と同じ銀行のブースなどを回って話を聞いたが、どこか自分の生き方とは違う気がした。

そんな時、偶然目にした消防隊の救命活動に、これだ、と思った。だが、消防では得意な英語は生かせそうにない。それに当時、彼の体にはタトゥーが入っており、公務員にはなれないと自分では思っていた。アルバイト先だった大学図書館の課長に就職の悩みを相談すると、思い掛けない情報を得た。課長の娘婿が米軍基地内で消防士をしているという。課長に頼んで娘婿に会わせてもらい、基地の消防士の就職に有利と助言を受け、危険物取扱者の資格と大型自動車の免許について学び、それらを取得した。大学2年生の頃である。

「僕の年で米軍基地の消防士って、周りに一人もいなかったんですよ。目指す人もいなかったし、そういう職があるのも知らなかった。最初は無謀なチャレンジに見えたんですけど、やっぱりどうしてもなりたかった。そのためにはオリジナリティーを出すことが必要で、英語力に加え、その二つの免許を取ることに集中していましたね」

大学在学中に英検1級にも合格し、3年生の時、米空軍嘉手納基地の消防隊への採用を果たした。米本国の消防学校で訓練を受ける際には大学を休学し、その後、消防士の仕事をしながら卒業した。

無謀に思えた目標に果敢に挑み、達成した経験は、彼に、その後の人生を発展させる大きな学びを与えた。

「目標達成って、たぶん原則は同じなんです。僕は米軍の消防士になる時も、何が必要かを細分化していって、あとはそれをやっていっただけです。たぶんそれは、どこでも当てはまるんですよ」

定年までの安定を捨て、彼は新しい世界に挑戦した

働き方とは人それぞれである。最初に就いた職業で自身を発展させながら仕事人生を全うする者がいれば、違う場所へ新たな目標を見つけ、次へ次へと進む者もいる。秀一朗は後者だった。たとえ今の地位が苦労して手に入れたものであっても。

「消防の作業中、人の死に直面して、自分の生き方を考えるようになりました。やっぱり英語も好きだし、米軍基地の消防士というと名前はカッコいいけど、あと40年近く、基地のフェンスに囲まれた狭い範囲の中でそのまま仕事をして終えるのは無理だなと感じて。これはもう人生一度きりだし、もう一度勝負をかけようと思ったんです。でも、何だろうなと考えた時に、高校1年生の時に行った模擬国連大会の〝国連〟というワードが頭に浮かびました」

大胆な発想に思えるが、得意な英語を使って海外で働きたい、自己犠牲ばかりでなく自分が生きていけて、人や世界のためになる仕事がしたい、と考えた時、自然に思い浮かんだのだという。国際機関への日本人の就職を支援するため外務省が開設したウェブサイトを見て、国際機関で働くためには、語学力と専門性、途上国での勤務経験の三つが必要で、自分には三つめが足りないことを知った。専門性をさらに高めるため通信制の吉備国際大学大学院へ入学し、修了後にタイミングを見計らって基地消防隊を辞めた。そして国際協

力機構（ＪＩＣＡ）の青年海外協力隊に防災専門として応募し、２０１７年、ジャマイカへ派遣された。

目標を見つけたらやるべきことを見極め、行動を一つ一つ積み重ねる姿勢は、消防士を目指した頃から何ら変わりはない。

「僕がやっていることって、特段、大したことではなく、キーワードを知っているかどうかだと思うんです。学校の先生方でも『世界銀行』とか『開発銀行』という言葉を知らないんです。知らなければインターネットで調べようがないじゃないですか。知っているだけで調べられて、なり方が出てくる。あとは点と点をつなげていけばいいだけ。だから、こういう仕事があると知るのが重要だと思います」

キーワードを知るためには、いろいろな人に会うのが大事だと秀一朗は言う。だが、人に会いにいくハードルを越えるにはどうすればいいのか。

「自己肯定感が高くないと行けないんですよ。自分よりソーシャルステータス（社会的地位）が上の人に会いたいと思っても、無下にされないかと考えてなかなか行けません。でもそういう精神的なバリアを突っ切って会いにいかないとチャンスは生まれない。僕も高校生の時に〝そんなの行けない〟と思って模擬国連大会へ行っていなかったら、大学生の時に消防の先輩に会わなかったら、今の自分はいなかったはずです」

まだ消防の仕事をしていた２０１４年11月、兵庫県の関西学院大学西宮上ケ原キャンパスで「国際機関で働く」と題し、日本人の国連職員らが登壇する職業フォーラムが開かれた。秀一朗は仕事を休んで沖縄から参加した。質疑応答で、何百人もの聴衆の学生たちからなかなか手が挙がらない中、秀一朗は挙手し、しかも英語で質問した。国連職員は、名刺交換と後にメールでやりとりしてくれた。自ら動いたことで、きっかけを一つつかんだ瞬間だった。

「はしごをどうやって掛けるか、意識してアンテナを張ってほしい。そういうセミナーに行って、ちょっと質問するだけでつながる。これが一番簡単な方法ですよね」

だが、全ての人が、彼のように人前で臆せず喋れるわけではない。どうすればできるのか。彼の口調に微かな厳しさが宿った。

「覚悟だと思います。自分の人生に対する。やっぱりそういうことすらできないということは、自分の目標に対してもそれぐらいの覚悟しかないと」

ジャマイカ勤務時代、スリナム共和国出身の友人と、その彼が連れてきた男性と飲食店で酒を飲んでいた。国連などの防災専門職員の空きが出た部署へ秀一朗が履歴書を送りまくっていた頃で、自分がいかに国際機関で働きたいか、男性に熱く語った。飲み会の終わりに、男性が名刺を差し出し、書かれている住所へ履歴書を送ってと言った。男性は、米州開発銀行ジャマイカオフィスの責任者だった。２０１９年９月、秀一朗は同銀行に採用され、その時の男性が自分の上司になった。

夢と目標を持って、行動を起こすこと

米州開発銀行は、中南米・カリブ海諸国の経済と社会の発展を支援するため、それらの国々へ融資する機関で、秀一朗は気候変動に関する課題解決プロジェクトの基礎調査に携わった。

沖縄にいた頃、秀一朗は、閉塞感を感じていたという。英語が好きで得意だったが、それを十分に生かせて、自分が満足できるような職業の選択肢は限られているように思えた。沖縄で生まれ育ったが、夢や目標を語ることや、周りと同じ考え方や行動から突き抜けることを否定する空気が沖縄にあるように感じ、それが嫌だった。

「沖縄の病理というのはもっと根底にあると思っていて、そもそも成功してはいけないと思っている人が多い」

こちらがドキリとするような言葉を隠さずに吐く。滞在していたジャマイカの田舎に、たまたま旅行に来て親友になった日本人女性の話を続けた。彼女は不登校の経験があるが、秀一朗より英語を流暢に話せて、今や大手化粧品会社と契約し、広告制作や動画編集などをしているという。

「彼女が言ったのが〝私はアーティストなのかもしれないけど、みんな一人一人がアーティストなんだよ〟という言葉でした。それは、自分の人生をどう表現するか、だと。これを聞いた時、ものすごくしっくりきたんです。そして、なんで、みんな自分を表現しないんだろうと思いました。だから僕は表現することを恐れない。これが僕なんだっていうのを」

ジャマイカでの雇用契約には含まれていなかったが、秀一朗は、気候変動に脆弱なジャマイカの農業の発

展を目指した室内水耕栽培の企画も自ら作り提案した。

「本当に好きなことを仕事にしているので楽しい。だって、途上国の役人とか、ハーバード大の同僚とか、オックスフォード大の上司とかと働けるってめったにないじゃないですか。世界のエリートたちと仕事でもプライベートでも付き合って楽しいし、日本では絶対学べないことを学べるし、本当に幸せですよね」

夢や目標を実現するために必要なことを、あらためて聞いた。

「まずは夢と目標を持つこと。それには、夢と目標を持ってもいいと思える自己肯定感を育てることが必要です。そして、それらを達成するために行動を起こすこと。もっと具体的に言うと、その方法を調べ、夢や目標を口に出し、人に頼ることです。口だけではダメ。行動が伝われば、人って助けたくなりますよね。僕は45歳くらいまでは国際機関で昇進など行けるところまで行きたい。そこからは沖縄に帰ってきて沖縄のためにできることをしたいです。息子が誇れる父親像を見せることが人生の目標です」

沖縄でのインタビューから数カ月後の2021年2月。琉球新報に彼の記事が載った。外務省のJPO派遣制度試験に合格し、翌月から国連開発計画の防災専門職員としてアフリカ（マラウイ共和国）へ派遣されることを伝える内容だった。彼はまた一つ、目標を実現した。

2023年11月、3年ぶりに沖縄で会った秀一朗は、まっすぐでエネルギッシュな様子は依然と全く変わらなかった。国連開発計画の職員としてマラウイで1年2カ月、防災のプロジェクトに携わった。その後、ニューヨークの国連本部において、日本政府の出資によるプロジェクトで人手が必要だったことから彼が呼ばれて行き、約10カ月、国連本部で働いていたと彼は話した。期間満了に伴い23年3月に帰沖した後は、自身として二つめの大学院である米国メリーランド大学大学院の通信制で学んでいることも話した。そこで防災の危機管理についての専門性をさらに高めながら、外務省の在外公館専門調査員の募集に応募するなどしており、国際機関で今後も働くつもりだという。

キラキラした目と表情に、迷いなどは微塵も感じられなかった。

仲村秀一朗回顧録

2020年12月に、沖縄県内で仲村秀一朗さんに初めてお会いした。ボディービル大会に出場するほど日頃から筋トレで体を鍛えているとの言葉通り、上着の上からでも分かるがっしりした体格の背筋が伸びたきれいな姿勢で受け答えしてくれた。僕は、迷いのない誠実そうな、真っすぐな秀一朗さんの視線に、少々たじろいでしまった。自分のそれまでの生き方が、10歳近くも若い彼との間に雲泥の差があったからだ。

秀一朗さんは学生時代から高い目標を設定し、やるべきことを細分化し、一つずつ目標を達成していっていた。今や、僕の全く手の届かない所までたどり着いている。片や僕は、自分の目標が分からず長年勤めた会社を辞めた。霧の中にいる最中であり、劣等感にさいなまれそうになった。インタビューでは、秀一朗さんの温かな態度に、聞き手のくせに思わず自分の状況も話してしまった。自分より活躍していると感じる兄弟と自分を比べてしまうことも打ち明けた。その時、秀一朗さんはきっぱり言った。「内間さんがどんな仕事をしても、自分が自分の評価者だと思っていたら、好きな仕事をしていると思う。自分が自分の評価者であるべきです」。霧が少しずつ晴れていくような気がした。

「僕は英検1級なんて、2回くらい試験に落ちていますし、離婚もしています。バイトも長続きしなかったし。そういった面では他の人より全くマイナススタートですよ」。その発言にも救われ、「何かに転んでも、問題を分析して直し、進んでいく選択肢しかないと思う」との言葉には、とても勇気づけられた。

僕は仕事で成功したいと願うくせに、人見知りで、極端に引っ込み思案なところがある。だから、インタビュー中に秀一朗さんが、自分より社会的地位の高い人とつながる重要性を挙げ「覚悟」の話をした時、胸がチクリと痛んだ。自分のことだ、と。

秀一朗さんへのインタビューを終え、会話の中にも出てきた、沖縄県出身者で、リクルートホールディングス取締役の瀬名波文野さんへ、僕はぜひ雑誌でインタビューしたいと考えていた。ちょうど沖縄で瀬名波さんの講演会があると知り、申し込んで会場に足を運んだ。女性客を中心に大勢の聴衆が客席を埋めていた。ああいう場で、僕は絶対に、挙手をして発言することができないタイプだ。だが、その時、僕は秀一朗さんの言葉を思い出していた。質疑応答で司会者が最後の質問だと言った時、気がつけば僕は手を挙げていた。若干震えながら。ちゃんと質問できていたかさえも分からない。講演後、瀬名波さんと名刺交換をさせていただいた。インタビューは無理かもしれないと思っていたが、後日、東京で実現した。秀一朗さんの生き方に、ほんの数ミリだけ近づけたように思えた。

兼業を続けた先に生まれる
“新たな融合”が、
社会を動かす種に

インタビュー
#7

沖縄大学・大学院教授／
有限会社インターリンク沖縄取締役
豊川《とよかわ》 明佳《さやか》 さん

〝偉大な〟母の背中を、豊川明佳は幼い頃からずっと追い続けていたのかもしれない。

母あさみは、泡盛メーカー・金武酒造（金武町）の長女で、同社に勤めていた頃、地元の鍾乳洞を活用し、そこに泡盛を寝かせて古酒を製造することを思い付き、事業化した。

単に古酒を作るのではない。会員になった客がボトルのオーナーになり、5年、12年後の家族や自分、親しい人へのメッセージをボトルに添えるのだ。泡盛とともに客の想いや願いが、厳かな鍾乳洞の中で熟成される。オーナーになるには金武町を訪れなければならず、地域振興にもつながった。

「母は、ひらめくというタイプの人なんですよ。この〝ひらめき〟っていったい何なんだろうっていうのを言語化したいっていうのが、やっぱり私にとっては大きかったのかなーと思いますね」

金武鍾乳洞の古酒蔵事業は人気になり、あさみは金武酒造で専務になった1997年、同事業を運営する組織を整えるため有限会社インターリンク沖縄を設立し、社長に就任した。

その後、金武町の特産である田芋を使った料理を提供するカフェレストラン「長楽」を町内に開店させた。

シングルマザーのあさみに育てられた豊川は、子どもの頃、週末になると母に連れられて鍾乳洞の古酒蔵へ行き、仕事を手伝った。

「当時は茶店もあったのでそこの店番をするとか、家業なので当たり前だったんですよね。子どもの時から母の背中を見ていて、起業家の〝情熱〟とか〝人を動かす力〟みたいなものは、やっぱり天然のもので、（一般の人とは）違うんですよ。それは私にはなくて。私はどちらかというと企てる方というか、言われたことをしっかりやることの方が得意だなって思っていました」

内側からまばゆいエネルギーを発する母のようになりたいと思っていた時期も、おそらく豊川にあっただろう。子どもの頃から「家業の役に立ちたい」という思いはあったが、自分の性質が母とは違うことにも気づいていた。だから自分の行く道が見えなかったのかもしれない。母から、県内の中高一貫の私立校である沖縄尚学へ入れてもらいながら勉強に全く熱が入らなかった。

高校卒業後の進路は東京の大学で心理学を学ぶことを望んだが、入試に落ちた。それで沖縄キリスト教短期大学の英文科へ進むことにした。その時の母の反応は意外なものだった。

「そこで母が偉大だったのが、キリ短へ行こうかなと言う私に賛成し〝それなら仕送りもせずに済むから、一緒に世界を旅行しようよ〟と言ってくれたんです。それでキリ短へ行き英語を勉強して母とあちこち旅をしました。2年間の学生時代に30カ国ぐらい行ったと思います」

旅行好きの母にとって、旅は遊びでなく、知見を広めるための学びだった。

充実した短大生活を送りながら、一方で豊川の胸の内には、くすぶり続ける何かがあった。中学、高校と熱心に勉強しなかった自分に対する思いである。

「私の中では、やっぱり母に申し訳なかったんでしょうね。どこかで頑張らなきゃいけなかったけど、私には頑張りを証明する方法がなかったんですよ」

　そんな時知ったのが、当時、日本でも注目され始めており、企業でのマネジメントやマーケティング、財務・会計などの科目でビジネスの実践的な知識や技術を身に付けるＭＢＡ（経営学修士）の学位だった。欧米有名大学のＭＢＡは〝ビジネスエリートのパスポート〟ともいわれていた。

「もしかしたら、経営を、なぜそうなっているのか科学的に理解できるんじゃないかと思ったことがきっかけで、経営学をやりたい、ＭＢＡを取りたいと思ったんです。やっぱり会社の二代目は、創業者とはちょっと違うんですよ。創業者の人たちは決断する時に、もうこれをやるんだって決まっているんです。なんで？って言われても、本人はなぜだかあまり分からない。そうしたいからという感じで。とにかく意思決定が本人の中でしっかりできるわけです。でも私は、母ほどは簡単には決められないタイプだったから、自分の意思決定のプロセスでちょっとだけでも自信が欲しかったのかもしれませんね」

　振り返れば、子どもの頃、母を手伝った鍾乳洞の古酒蔵の茶店で、客の服装などを見て、どのような客層がどういう商品を買うのか観察したり、推測して当てたりするのが好きだった。「今でいうセグメント分析ですよね」と笑顔で語る彼女の中に、幼い頃から経営への関心が知らず知らずのうちに育っていたのかもしれない。

　母の背を追うのではない自分の道を、豊川は見つけた。挑戦が始まった。

努力すれば少しでも前進できることは、とてもありがたいこと

ＭＢＡ取得を目指す場所に豊川が選んだのが、多くの国を旅した中でも豊川と母が最も好きになったイギリスだった。伝統を残しながら新しいものも取り入れ、母のもともとの家業にも重なる酒造りが盛んな土地柄であることが気に入った。弟の善規も、世界展開している料理・菓子学校のイギリス校で学ぶことになった。豊川はイギリスの語学学校でまず1年間学び、それから試験を受けてウェストミンスター大学ビジネスマネジメント学士課程へ入学した。日本の一般的な大学生なら、多くが卒業し就職している24歳の時である。豊川によると、イギリスの大学では普通、日本の大学で見られる共通科目がなく、1年の時からすぐに専門科目が始まる。そして豊川は必修のコントラクトロー（契約法）の科目をいきなり落としてしまった。

「経営学やマーケティング論などの科目は、日本語の教科書などで勉強しようと思えばでき、学習を補えましたが、イギリスの法に関わる科目は、法の体系も中身も日本とは違うので無理でした。しかもイギリスの大学はすごく厳しくて、同じ科目を2回落とすと学士がもらえなくなります。だから2回目のトライをしようと思っても怖くて……。学年が上がるにつれ、ほかの勉強は難しくなるし、3年で卒業するのを、私は3年半かかってしまいました」

豊川は苦悶した。だが、決して逃げなかった。困難をどう乗り越えたのか。

「ただひたすら目から血が出るくらい勉強する、ということしかないじゃないですか。言葉にすると面白みがないです。私、実は面白くない人間で（笑）、正攻法しかないんです。今の世の中のトレンドは〝つらくなっ

たらいったん避ける〟なんですが、私は嫌なことがあったらそこへ先に手を入れる。ちょっとでも怖いことがあったら突撃する。だって、怖いことを後ろ倒しにしたらもっと怖くなるので。それを学びました。本当は1年生の時に、もう一回、コントラクトローに挑戦すればよかった。後ろ倒しにしたらその時間分、心が疲れるんですよ。だったら、結果は一緒だから怖いものは先にやった方がいい」

相当苦しい思いをしたことから、ウェストミンスター大を卒業する際、MBA取得のための大学院進学をいったん諦めようかとも思った。だが、一度腰を下ろしてしまえば再び立ち上がるのは非常に困難だと考え、ロンドンサウスバンク大学のMBA課程へ入学した。大学院のランクを少し下げはしたが、基礎学力がついたのか、勉強は思ったほど苦ではなかった。2年間の学びを経て、修了の際には、その年の最優秀学生賞に選ばれた。忙しかった母に代わって沖縄から一人でロンドンまで来た祖母に見守られて、賞を受け取った。その胸中は、万感の思いだったに違いない。なぜなら、勉学では順風満帆だった大学院時代、豊川は体の異変に苦しんだからである。味覚が感じられなくなっていた。

「見ている物の味は理解できているのに、食べた時に砂を噛んだような、見た目と味に解離があって。しばらくすると味を全く感じなくなりました。すごく疲れてしまって。病院に行って、医師が私の目の前で〝テイストロス（味覚の喪失）〟とパソコンに打ってグーグルで調べているのを見て、私でもそれはできるよ、と思って（笑）。私は生きていけるのかなとか、何か違う病気じゃないかとか考えて、原因が分からなかったのが一番きつかったですね。暗いトンネルをずっと一人で歩いているような気分で、出口がない恐怖っていうのかな。だから自分のことで、自分が何かをすれば変えられたり、努力すれば少しでも前進できたりすることは、とてもありがたいことなんだなって、その時思ったんですよね」

体の異変はその後、消えた。人生で最もつらい体験をしたが、そのことが豊川をさらに一段たくましく成長させていた。大学院を修了した豊川はすぐには帰国せず、日系企業を扱う現地の人材派遣会社でコンサルタントとして働いた。就職先にその会社を選んだのは、ほかのイギリス人と同様、人材派遣会社に登録して就職活動する中で、沖縄で家業があり、長く勤めるつもりのなかった豊川にとって、たくさんの企業や駐在者から今後の事業戦略やそれに伴う人材・組織配置について聞ける人材派遣会社の仕事が最適だと思ったからだ。

２００８年８月29日の母の誕生日に、ちょうど母へ電話をしようと思っていた時だった。米国の大手投資銀行リーマン・ブラザーズのイギリス支店で働く日本人社員から、職探しの相談がその時期、あまりにも続いていたため、来訪したリーマン社員に何か変ではないかと尋ねると、「うちの会社にはもう誰もいないんですよ」と答えが返ってきた。リーマン・ブラザーズが倒産を公式に発表したのはその翌月だった。同社の倒産を契機に世界的金融・経済危機「リーマン・ショック」が起こった。

「シティがどんどん暗くなって、ほかの所にも問題がどんどん派生しますよね。イギリスの金融街でもとても大きな出来事で、私が勤めていた会社は忙しかったけど、採用や退職、解雇といった、さまざまな人の人生に関わる仕事をする中で〝じゃあ、私はどう生きたいんだろう〟とか考えたんです。イギリスにいても心はずっと沖縄にあるわけで、やっぱり根っこがない所に木を育てようとしても何か違うのかなとか考えて、日本に帰ろうって思ったんですよね」

イギリスで2年近く勤めた後、豊川は2009年3月、帰国した。

ひらめきに長けた母を、理論で支えられるように

インタビュー場所となった沖縄大学で初めて会った豊川は気さくだった。2022年4月に同大経法商学部と大学院の教授に昇進し、学部長に就任した彼女は、写真撮影をお願いすると講義の様子を少し再現し、「講義は学生に人気ですよ」と明るく笑った。

イギリスで学んでいた頃から帰省した際に、当時、琉球大学教授だった大城肇（後に琉球大学学長）の実践経済学の講義で非常勤講師を務めていたが、帰国してからは、母が社長を務めるインターリンク沖縄の経営に携わりながら沖縄キリスト教学院大学でも講義を受け持つようになった。2012年4月からは沖縄大学法経学部と大学院の特任講師を務めた。経営と研究の本格的な兼業が始まった。

「兼業は、頭と体がごちゃっとならないように、両方のスケジュールを可能な限り独立させています。月曜は大学、木曜は金武の会社に行く日というように。どうしても一日で両方の仕事をしないといけない時は、時間を区切って両方の仕事が混ざらないようにしています。だから大学にいる時の私と金武にいる時の私とではキャラが違うと思います。なぜそうするかというと、私は主観よりも客観を見ているから。講義してい

る時は学生が受け入れやすい人間像として喋るし、金武にいる時はそこにいるべき人間になる。みんなが求めているのはどういう人間なのかを考えます。だから私はいつまでたってもカスタマー（顧客）ベースなんですよ」

「いつまでたってもカスタマーベース」の所は少し自嘲気味に聞こえたが、豊川の矜持が一瞬のぞいた気がした。企業人と大学人の二足の草鞋を履き、ともすれば〝どっちつかず〟と見られる重圧の中で、相手のニーズを常に考えて対応することで、さまざまな役割を果たすという自分なりの流儀を確立させていったのではないか。

豊川が修士を取ったＭＢＡは、基本的には研究者を育てるものではなく、実践者を育てるものであり、研究者を目指してこなかった豊川を、大学教員として認めない態度を取る教員も大学にはいた。だが「ここで逃げてはいけない」と思った豊川は、沖縄大学へは当初、期限付きの特任講師という立場で入ったが、一般候補者として採用されてみんなに認めてもらおうと考え、講師を続けながら明治大学大学院経営学研究科の博士後期課程へ入学した。そして沖縄大学であらためて公募をへて、２０１４年４月、専任教員として採用された。

「私のような、実務者から教員になった者が大学にいる意味は何か」と考えるようになったのも、その頃からだった。イギリスでの勤務時代、日本経済新聞でイギリスにある日本企業について勉強していたことを思い出し、県外の人が仕事で沖縄に来る時や、沖縄の学生が仕事を探す時に、沖縄にどのような企業があるかを知ることができる「業界地図」を作りたいと考えた。当時、沖縄大学の准教授だった大城淳に相談し、二人のゼミで学生とともに取り組むことにした。豊川は出産を控えていたが編集作業を進め、できない分を大城に頼った。

沖縄のさまざまな業界の主要な企業と、ほかの企業とのつながりや関係を分かりやすく示し２０１５年に初出版した『沖縄の業界地図』は需要が高く、再編集して発刊した２０１７年版は沖縄県産本大賞の優秀賞を受賞した。

「〝社会にこれがあったら良かったな〟と思われている潜在的なニーズを見つけるのがやっぱり私は好きですね。それがマーケティングの神髄だと思っています。マーケティングって、実はゴリゴリ物を売ることじゃないんですよ。社会で必要とされているものを〝価値〟という言葉で表現するなら、じゃあ、今の人たちの価値は何なのかと考えると、たとえば車って、今の若い人たちはあまり興味がない。宣伝では、昔はカッコよさを追求して、ヨーロッパの中を走る車の映像などを使っていたけど、今は車でできることを宣伝するのが増えているじゃないですか。それって車に対する価値基準が変わっているわけですよね。価値が社会や消費者の中で変わっていく時に、お金や時間と交換してくれる価値っていったい何だろう？　と考えることがマーケティングの大事な要素で、それができる学生を育てたいですね」

大学での研究と家業がどう結びついているのか、知りたいと思っていると、豊川が続けた。

「私が学問で得た知見と、母がやってきたことが今、リンクし始めています。母が鍾乳洞の古酒蔵に込めた願いは、泡盛もおいしくなるのだけども、お客さんが家族や自分や大切な人への想いを泡盛に込め、時空を越えて継承してほしいということですよね。そこに価値があるわけですよ。母のやったことがすごいのは〝モノ〟を〝コト化〟し泡盛に新たな価値を付加したこと。それを今なら私が説明できるわけです。それが経営学の醍醐味なんですよね」

豊川がイギリスから帰国後、インターリンク沖縄で初めて携わった仕事が、田芋工房「きん田」の開店だった。金武の田芋があまり売れていないことを知った母あさみがもともと正月にだけ田芋まんじゅうを作って販売していたが、豊川と、長楽で料理担当の弟・善規との三人で、田芋を使ったチーズケーキとパイの新商品を開発したことが、きん田につながった。金武店に続き那覇市内に構えた店舗を、観光客が多く訪れる国際通りなどではなく、那覇新都心の市街地の路面店としたのは、商品が県民に広く長く愛され、金武の田芋の認知度が高まってほしいという願いからだった。田芋を使ったスイーツの商品は、金武の名物として広く知られるようになった。

その地域にしかない特産品が価値を持つように、人や文化、環境、歴史などもその地域の価値であり、それらの資源と価値を合わせて生かし、地域全体をブランディングすることを「プレイス・ブランディング」というが、母あさみが金武の鍾乳洞で始めた古酒蔵の事業や、豊川たちが今やっていることは、まさにそれである。そして、豊川が大学で研究テーマとしているのも「ブランド」や「プレイス・ブランディング」だ。「『豆腐餻モダン』を作った時も、食べ物のちょっと高級な贈答品がそれまで沖縄に少なかったんですよ。母と弟と話していて〝うちには鍾乳洞で作っている豆腐餻があるじゃないか〟と。でも豆腐餻はお酒のつまみというイメージが強過ぎたので、どうしようかと考えた時、母が〝潰せばいいじゃない〟って言ったんです。それからシェフの弟が香味設計をし、琉球、中華、洋風の三種類の味をセットにして調味料としても使える新商品を作りました。用途やセグメント（区分）が限定されていた物のカテゴリーを再定義することは、ブランドの戦略的な方法です。商品化する時、家族で喧々諤々、意見を交わしながら、母のアイデアを弟が形にして、私が論理的にスクリーニング（ふるいわけ）していく感じですね。商品を作る時、小さくても〝価値創造〟がキーワードになっていて、そうするようになったのは学術誌を読んでからです」

ひらめきに長けた母と、料理のアイデアを形にする弟を、豊川が理論の面から支えていることを話し、自信溢れる目で言った。

「学問と実践のつなぎを、これからもやっていきたいです」

両方をやるからこそ分かることもある

豊川のこれまで発表してきた論文に目を通すと、地域ブランドやプレイス・ブランディングについての潮流研究を行っている。また、海外や国内の先行研究を踏まえ、地元沖縄の状況について調査するなどして考察を深め、沖縄観光の発展の可能性を見出そうとしている。観光客もちろんターゲットにしている会社経営と、大学での研究を並行してやることで、より現実に即した問題設定と考察を豊川ができているように感じられる。

豊川と話していると、彼女の中にさまざまな性格があることが分かる。好奇心旺盛な部分や、強さと自信が感じられる一方、繊細さや自分を卑下するようなところも時折顔をのぞかせる。陽気な面が大きいかと思っていたら、発言したことを後から鬱々と悩むことも多いと明かした。

「私はどちらかというと、人の営みや考えが好きだったり、ぐちゃっとしている人間模様が好きなんですよね。そうじゃないと人間らしくないし。私がもともとぐちゃっとしてたから」

彼女の話を聞き続けていると、そういった「人間らしさ」の中に、その人のアイデンティティがあり、面白さや魅力があるのではないか、と思えた。

「ここに現在の自己イメージがあって、それは他人から見られているものと共鳴し合うじゃないですか。たとえば、内間さんが今日、私の話を聞いて、何となく心に染みたことがあったとします。すると次、私と会う時に、豊川さんってこういう人だよねっていう感情を持ちますよね。そしたら私も、もしかしたら、私という人格の中の、ある部分をポジティブに捉えてもらっていると感じ、そのような素敵な自分では十分にはなかったかもしれないけど、そう振る舞いたいとか無意識に思い、私自身が少し補正されて、いつの間にかそれがまたアイデンティティに組み込まれ、時間とともに形成されていくと思うんですよね。そして、そのようなプロセスはぐるぐる回っているのだと思うんですよ」

そう話すと、豊川は、近年研究が進んでいるアイデンティティに基づいたプレイス・ブランディングと、沖縄観光を結びつけて語り始めた。

「文化、アイデンティティ、イメージの相互作用を通してその地域のブランドを構築するプロセスがプレイス・ブランディングでは最も重要です。そのプロセスを沖縄の観光政策にも生かすべきだと思っています。沖縄から自然と染み出たアイデンティティのいろいろな様相を見て、沖縄に来たい人が来ているはずですよね。沖縄を観光立県とするならば、本当にやるべきことは、沖縄県民や沖縄県がどういう存在であるかを示すこと。そして、それを好きになった人たちが、沖縄ってこういうところが素敵だよねって外から見て気づいて語って、沖縄県民もまたそれらしくなるわけですよ。現状は、一部のステークホルダー（観光客、富裕層、インバウンド、移住希望者、MICE関連など）をターゲットにしたプロモーション戦略をそれぞれ縦割り的に、バラバラに行っているように感じます。内側のアイデンティティと外からのイメージの重なる箇所を探し、ブランド価値として高め、そこを強みとして包括的なアイデンティティベースの戦略を立てること。そしてそのプロセスの循環を意識的に続けることが大事じゃないかと思っています」

地域の文化を通して染み出る人々のアイデンティティについてはこうも言った。

「ほかの人が感銘できたり、共鳴できたりするのがすごくいいなと思う。だから、一人《いち》間もそうですけど、アイデンティティの一部はしょっちゅう変わってもいいし。人間ってそういう生き物じゃないですか。そういう姿がなんか面白くて美しいわけだし」

さまざまな経験を重ね、家業と研究の両方の道をまい進してきた豊川だからこそ言える言葉のように思えた。

兼業をやる意義を、自身ではどう思っているのか。同じように働きたい人への助言を求めると、ビジネスの資料などでよく使われる、円状の図の重なり部分を共通項として示す「ベン図」にたとえて話した。

「兼業する二つの分野の共通項が見つかることです。大学で経営学という理論を学び研究することと、会社で経営を実践することが別々に存在するはずがありません。両方をやるからこそ分かることもあるし、そうやってやり続けることで得たものを社会に還元できればいいなと思っています。みんながやりたいことをやったらいいと私は思っていますけど、兼業するにしても、今までやってきたことと次にやることの分野が社会の中でできれば近くにあって、兼業による相乗効果で、それまでの自分とは少し違った価値を提供できるようになればすごくいいですね。兼業をやり続けた先に生まれる〝この人だから持っている新たな融合〟みたいなものが社会を動かす種になるかもしれないと思っています」

苦労して、努力を重ねた。壁を乗り越えると、目の前には新たな道が広がっていた。そのようにして得た自信と明るさが、豊川の表情にはあった。

豊川明佳 回顧録

インタビューをしに行く時、毎回怖気づき、逃げ出したい気持ちになる。それは、仕事や人生に真摯に向き合い、大きな成果を挙げてきた方々へ、何者でもない自分が会いに行くことが、とても分不相応のように思えるからだ。しかも、豊川明佳さんは家業の会社経営と大学での研究という二つの分野でプロフェッショナルな道を突き進んでいる。僕はまだ一つのことも全うできてない。ますます逃げ出したくなった。だが、最初にお会いした時の豊川さんの明るい笑顔と、親しみやすいユーモアあふれる語り口に救われた。

このインタビュー企画でお会いさせていただいた方々に共通することだが、やはり豊川さんも、自分自身としっかり向き合い続けていた。将来、家業の役に立ちたいと思いながら、中学、高校と勉強に熱が入らなかったのは、具体的な道がまだ見えなかったからなのだろう。「私には頑張りを証明する方法がなかった」とも話していた。でも、その時の気持ちに目を背けなかったからこそ、経営学修士の学位であるMBA取得の目標が見つかったし、目標が明確になったからこそ、イギリスの大学で相当苦しい思いをしながらも乗り越えられたのだと思う。

中学・高校では勉強を頑張れなかったのに、さらに勉強が大変なイギリスの大学・大学院で頑張れたのはなぜか、想像してみた。それはやはり、自分の気持ちが〝これだ！〟と納得する道を見つけられたのが大きかったのだと思う。人間は、気持ちが伴うと頑張りが加速するとあらためて感じた。だから、自分の気持ちに合致するものを見つけるためにも、粘り強く自分と向き合うことが大事なのかもしれない。そして豊川さんの場合、母や祖母、弟に支えられてきたということも大きかった。今回のインタビューの機会に、母あさみさんと弟の善規さんともお会いしたが、三人の間で愛情が通い合っているのをすごく感じた。愛情も、困難を乗り越えたり、前へ進んだりする時に大きなパワーになるのだろう。

〝二刀流〟である兼業が、時に〝どっちつかず〟と見られ、非難の対象になる苦悩も赤裸々に語ってくれた。それでも「兼業をやり続けた先に生まれる〝この人だから持っている新たな融合〟みたいなものが社会を動かす種になるかもしれないと思っている」と言い、今後も二つの道を突き進む意志を示した時、大きな感動を覚えた。豊川さんのその先を、僕も見たい。

豊川さんと最初に電話でインタビューの日時を調整した時、早朝に子どもを学校に送って、大学や会社に着くのが何時で、などと話し、時間を極めて有効活用しようとしているのがうかがえた。当然ではあるが、それが兼業をこなす鍵なのだろう。ダラダラした生活を送りがちな自分に活を入れられた気がした。

インタビューを終えると、心の底からまた力が湧いてくるような、すがすがしい気持ちになっていた。

あたりさわりのない歌詞で満足なのか？迷いの果てに見つけたもの

インタビュー
#8

BEGIN ボーカル

比嘉《ひが》 栄昇《えいしょう》 さん

自問自答を、繰り返していた。沖縄人も普通に日本人であり、日本のポップスを普通に作れるということを認知させるのが彼の最初の目標だった。だが、テレビの音楽オーディション番組で一躍人気者になり、1990年に『恋しくて』の曲でデビューすると、その目標はあっさり叶ってしまった。

石垣島の同級生3人でつくった音楽バンド「BEGIN」(ビギン)のボーカル、比嘉栄昇は、少し懐かし気な表情を浮かべた。

「〝その後、売れない時代がずっとあって不安でした〟みたいな話が何となく分かりやすいからそう伝わっているけど、実際、(バンドの)中ではどんちゃん騒ぎ。楽しくて仕方ないみたいな。全国のライブハウスへ行き、自分たちの好きなライブをやるのが僕らの夢だったんです。『恋しくて』の後、爆発的なヒットはなかったけど、ファンはいるし、ライブにもお客さんが入ってくれた。ライブをやっては酒を飲み、やっては飲みで、一番楽しい時期がその年代だったんですよ」

夢に描いたバンド活動だった。充実もしていた。だが、デビューから10年が経過するなかで、曲作りに対しある思いも膨らんでいた。

「歌になるのは、やっぱり恋愛の歌だったり、すごく強いメッセージソングだったりする。それはカッコいい。そして歌に出てくる主人公はいつも男前で、美人だけど、普通、そういう人ばかりじゃないよね、と。日常の風景の中から、そこにいる方々を主人公に歌を作りたいと思ったんですよね」

2000年代に入ると、バンドメンバーの上地等、島袋優が東京にそのまま居住して活動する中、栄昇は一人、拠点を沖縄に移した。

浦添市の当時の自宅敷地に楽曲制作のため構えたコンテナの室内で、自分に問いかけた。

〈お前は、じゃあ、あたりさわりのない言葉で歌を作って満足なのか？ お客さんが増えて大きなコンサートをやれれば、それでいいのか？〉

答えはノーだった。

「全くないね、と。そういえば俺、思ったことなかったなーみたいな。だから普通に（素直に）書いてみるかと、自分の中ではちょっと勇気を振り絞って書き下ろした歌でした。三宅裕司さんのお芝居のための歌で、さすがにレコード会社の人とか、事務所の人が何か言うだろうなと思ったけど、知るかと。そんなこと気にせず行きましょう、ってね」

そうして生まれたのが、BEGINの代表曲の一つとなる『三線の花』だった。歌詞には「オジーの形見の三線」や「床の間」、甕に入った「島酒」、「アルミの窓」などが出てくる。三線の音色に乗せ、沖縄の〝日常の風景〟が浮かんでくるものだった。

「そんな歌が、まさか全国で受け入れられるとは、全く予想していなかったし、真逆でしたね」

歌を暮らしの中で役立つ道具に

石垣島の空気そのものといった、ゆったりした、陽気な印象を抱かせる彼の口調だが、その内容に注意深く耳を傾けると、彼がどれだけ自身の心と曲作りに真摯に向き合い、苦悶し続けてきたかが伝わってくる。

ＢＥＧＩＮがデビューした１９９０年当時において、全国発売のためのレコーディングは設備が整った東京でやるのが常識だったし、テレビやラジオでは売り上げなどを競うカウントダウン形式の番組が絶頂期で、コマーシャルの使用曲やドラマの主題歌から多くのヒット曲が生まれる時代だった。

「みんなが見ていたのは東京中心の風景で、ＢＥＧＩＮも最初、そうするしかなかった」と栄昇自身も語っている。彼らへの周りの期待も当然そうだった。

「デビューして15年くらいたったあたりから、なんかこう、売れるとか、ヒットチャートをにぎやかすとかには興味なくて、とにかく暮らしの中で役に立てられるもの、分かりやすく言うと、瓶ビールの栓抜きのように歌が〝道具〟になって、誰かが困った時にすぐに使えるものにできないかと思っているんですよね。歌をそうやって捉えると、歌だけ作ろうとしてもできないんですよ。やっぱり島での暮らしがどうしても必要になってきたんです」

ＢＥＧＩＮのデビュー初期には見られない、沖縄色の強い『島人ぬ宝』や『三線の花』『涙そうそう』といった代表曲は、栄昇が活動拠点を東京から沖縄に移した前後の時期に生まれた作品だ。

「初めのうちは、やっぱり日本のブルースをつくり上げるんだという夢や目標もありました。だから島唄よりブルースの方が自分たちにとっては身近だと感じていたんです。島唄は敷居も高く、俺らごときが触れてはいけないとも思っていた。でも、（ブルース発祥の地の）メンフィスとかに行くと、やっぱり違うなと。これはもう、この土地だから生まれる音楽であり、大好きだけど僕らがブルースだけでやっていくのは大いなる勘違いだと思ったんです」

同じ石垣島出身で、高校の同級生である島唄歌手の大島保克から依頼され、『イラヨイ月夜浜』の作曲を担ったことも島唄に携わる大きなきっかけになった。ブルースから沖縄色の強い音楽や島唄へ進んだことを、栄昇は「当時は相当考えたつもりだけど、順当にそうなるよね」と納得顔で語る。

「ブルースに行くと駄目で、本当は何なんだと考えて、やっぱり島の音楽やリズムはすごいな、世界的なものなんだと気付き島唄にも行く。でもやっぱりブルースも好きだし、テックスメックス（メキシコの民謡とアメリカのカントリー音楽などが融合してできた音楽）とかブラジルの音楽とか、ハワイアンもそうだけど、世界中にあるそれらの音楽は、やっぱり暮らしの中に根付き、もしくはその土地から生まれたもので、自分が好きなのはそういう音楽なんだなと思ったんです。結局、島唄もブルースも地域の音楽なんだと。だからBEGINのやりたい歌が、暮らしの中に根付いたものにおのずとなっていったんです」

栄昇は今、妻と子どもたちと、石垣島の実家で彼の両親とともに暮らしている。旧暦の八月十五夜の沖縄の行事で、仏壇に供えるススキを取ってくるよう母親から依頼され、適当でないとやり直させられたり、全国でのコンサートツアーを終えて帰ってきた翌日に、父親の漁の手伝いをさせられたりすることもあるという。「僕が何をしているのか、絶対分かっていない」と苦笑いしつつ、それらを楽しむような表情も浮かべる。「島での暮らしは自分中心ではいられず、面倒くさかったり、息苦しかったりするんだけど、常に誰かの気配がして、自分も頼りにされるという人とのつながりがないと、やっぱり人生、つまらないよね」

待ってくれている方々がいるから歌う

栄昇を初めてインタビューしたのは2018年6月。戦後間もない頃、ハワイの沖縄県系人らが食糧難で苦しむ沖縄の住民を救おうとハワイから550頭の豚を沖縄に送ったことに対し、お礼の気持ちを伝え続けようと、BEGINがハワイの人々へ楽器を贈る「ブタの音《おん》がえし」の活動をしていることへの取材だった。その時に栄昇が話した「自分がなぜ歌うのか、常に自問自答している」との言葉が深く耳に残り、2年ぶりのインタビューでその答えを尋ねた。自分の心や曲作りの在り方について30年もの間、向き合ってきた彼の答えは「分からない」という意外なものだった。

「これがねー、本当に自分でも一番の謎なんですね。一つ経験するごとにこうすればいいんだという答えは何となく導き出されてきたんですけど、なんで歌っているんだ、というのは分からないままなんですよね」

振り返れば、自分が「歌える」ことに気付いたのも、中学時代に仲間たちとカラオケパーティーをやり、歌声を聞いた周りから上手いと言われたからだった。「人前に出るのもとても嫌だった」という男が今もステージで歌い続けている。

「待ってくれているファンの方々がいるから歌うんだというのは自分の中では唯一の答えです。30年たってもまだ楽しみにしてくれている方々がいて、ブラジルからもハワイからもペルーからも応援のメッセージが届いたりする。誰かが喜んでくれて、人のためになる、そして歌が役立つ道具になるということであれば楽しそうかな、みたいな」

控えめな発言と彼の穏やかな雰囲気に惑わされ一瞬、消極的な印象も受ける。だが、創作の生みの苦しみについて話が及ぶと、どこか懐かしいような穏やかな風に身を預けたくなるような数々の作品の裏で、彼がどれだけ苦悶し、注意を払い、身を削る思いで創作に臨んでいるのか、見えた気がした。

「歌を作るのは、いいものを作ろうという邪念みたいなものをどんどん削いでいく作業でもあるんですよね。ちょっと自分勝手になってないかとか、このフレーズはちょっとカッコつけているよね、みたいに。音楽ってお手本を見つけようと思えばできるけど、そういったことには頼らずに、今の時代に何が必要とされているかを考える。最近で言えば、風通しのよさとか、嘘をつかないでいいとか、人を信じていいとか。道具としての歌がおじいちゃんやおばあちゃん、孫でも使いやすいかな、とかは歌詞を書く上ですごく考えますね」

思いを馳せるのは身近な存在の人たちばかりではない。

「海外移民の日系の方々も大勢聞いてくれていると思うと、〝歌〟を擬人化するならば、沖縄内の旅行と違って持たせる荷物が違うわけです。向こうの気候を考えたり、失礼のない言葉を選んだり。歌が届いた時にその人々になじむように願って。だから時代の最先端の音とかはあえて使いません。三線の音は三線のまま、アコースティックギターの音はアコースティックギターのまま。時代が過ぎてもその歌がもしそこに居続けるんだったら、新しいとか、カッコいいとかの評価を捨ててでも、この歌が安全に長く旅ができるようにとは思っていますね」

最後に、2020年にデビュー30周年を迎えた先のことについて聞いた。

「ファンの人たちとスタッフと一緒につくってきたBEGINという船にみんなで乗り込んで旅をするんですけど、ちゃんと舵を取れるようにもう一回、自分自身を鍛え直さなければいけないな、とは思います。そのためにはやっぱり、一人で歌と向き合うことを、いずれしないといけないだろうなというのは感じています」

多大な苦労が予想される作業であることに、「本当にこれは、やりたくないですけども……」と、茶目っ気交じりに笑って話しながらも、栄昇の中から使命感のようなものがあふれ出ているのを感じた。自分のためではなく喜ぶファンのために、彼がまた全力で曲作りに向かう姿が容易に想像できた。

比嘉栄昇 回顧録

ＢＥＧＩＮのデビュー曲『恋しくて』をテレビで見た時の衝撃を覚えている。12歳の頃で、テレビをあまり自由に見せてもらえない家だったが、年末だけはたっぷり見ることができ、レコード大賞か何かの番組で目にした。沖縄人でも全国のトップスターになれるんだと、興奮した。『恋しくて』は、僕がカラオケへ行けば必ず歌う曲になった。

僕は音楽についてド素人で無知。けれど、しばらくして、ＢＥＧＩＮの発表する曲について沖縄色がだいぶ濃くなったのは僕にも分かった。日本のポップス界で、そういった曲がヒットすることが沖縄人として誇らしかった。そして、曲風が変化した訳について知りたかった。

今回、栄昇さんへのインタビューでその理由の一端を知ることができた。自分たちの本当にやりたいことを突き詰め、音楽というものの本質に向き合い続けたことが今のＢＥＧＩＮをつくり、そして、競争の激しい音楽業界の中でどのバンドにも負けないオリジナリティーのある、オンリーワンのバンドへ進化させたのだと分かった。僕は仕事で悩んでいた。彼らと比べるのは極めておこがましいが、人の視線や誰かの価値観でなく、自分の心の奥底に耳を傾け、向き合い、行動を重ねたのかと、自分に疑問をぶつけ猛省した。40前後のオッサンになって初めて大事なことに気付いたことに泣きたくなった。でもやるしかない。

２０１８年の栄昇さんへの初めてのインタビューで、「自分がなぜ歌うのか、常に自問自答している」「僕はどの作品でも作る時に相当苦しむ」と言った言葉が深く耳に残った。２回目のインタビューでもあらためて感じたのは、栄昇さんのような才能があふれる人でも、音楽活動を長く続けていまだに迷い、苦しむということだ。勝手に、少し勇気づけられた。歌を「誰かの役に立つ道具」と捉え、そうなるように目指していることは、他の仕事でも十分参考になる。自分が今やろうとしていることや、やりたいことは、誰かのためになるだろうか。

ＢＥＧＩＮがデビューした頃、アルバムを一枚製作するのに１千万円程度の費用がかかったことを栄昇さんは挙げ、パソコンやマイクなどの機材と、必要な楽器さえあれば自分たちで作品を録音し世に配信できる今の状況に、「これから音楽を職業にしたい方々にとっては夢しかない」と語る。一方でこう付け加える。「ただし、お金儲けはできない。だから、職業を二つ三つ持っておくといい。だってハワイのギャビーもずっと他の仕事をしながら世界的に有名なミュージシャンになったのだから」

やりたいこと一本だけを仕事にする必要はない。肩の力を抜いて、やりたいことがあれば、もっと自由に気楽に、それをできる方法を考えればいい。栄昇さんから、そう言われている気がした。

どこで仕事をしても相手は人間。構えたり不安に思ったりしない

インタビュー
#9

海外（アフリカ）起業家

金城《きんじょう》 拓真《たくま》 さん

鮮やかな水色のかりゆしウェア姿で、インタビュー場所にさっそうと現れた彼は、話し出すと、沖縄のなまりを少し感じさせ、素朴で礼儀正しい、普通の青年のように見えた。

インタビュー開始から、私が金城拓真に感じていたのは〝ギャップ〟だった。一見、沖縄の普通の青年である彼の話す内容は、規模が大きすぎた。彼について何も知らなければ、20代の頃にタンザニアで中古車輸入販売を始め、今やアフリカ9カ国で貿易や農場経営、不動産、タクシー、ホテル、金取引、港湾関連などの事業を手掛ける約30社を率いる人物であるとは、想像し難いように思えた。

淡い水色の線でアフリカ大陸が描かれた彼の名刺を見ると〈East Africa Sales Promotion Ltd 代表取締役〉とあった。

金城に那覇市内でインタビューしたのは2020年11月。前年の12月以降、新型コロナウイルス感染症が世界中に広がり、20年3月に、自身の会社のあるタンザニアから日本に来た金城拓真はそのまま戻れなくなっていた。

だが、困った様子は全く感じられない。涼し気な表情のままだ。

「そうですね。想定外でもありましたし。ちょっと運が良かったのが、3月は、われわれグループ会社の出張が重なる時期でして、指揮できる会社の上の人間がそれぞれ重要な国に行っている時にロックダウンが起きてしまったので、不幸中の幸いだったと言いますか」

金城が沖縄に社を置く津梁貿易と、オリックス自動車、三井倉庫の3社でつくるグループなどが2016年度から沖縄県の取り組みとして実施した中古車輸出ビジネスモデル実証事業の話題になると、饒舌になった。

「1千万人以上の観光客が来る沖縄で、当然ですが、観光客は、消費はするけど生産はしません。なので沖縄に運ばれてくる荷物は多いけど、沖縄から出す荷物は相当少なくて。そうなると運送業者は、往復で料金を取るべきものが片道でしか取れなくなるので、北海道、沖縄は運送料金が高いんです。県民が損しているという考えが、もともと県庁にあり、じゃあ空《から》のコンテナに何を詰めて海外に出せたらいびつさを少しでも解消できるのかというところで、いろいろ県産品を探されたと思うんですけど、車だったら4台くらいで一つのコンテナが埋まるんですね。沖縄はレンタカーのマーケットでもあり、レンタカーって2年くらいで買い替えなんです。それで、不要になった車を海外に持っていく提案を僕らがしました」

その実証事業によって沖縄全体の中古車輸出額は飛躍的に伸び、それまで年間数百万円規模だったのが、年間7億円程度にまで増えたと、彼は話した。

インタビュー当時、まだ30代で、大きな事業に携わる金城がどういう人物なのだろう、と考えていると、自身の性格について話がおよんだ。目じりに皺を作り、口角を上げて歯をのぞかせる人懐っこい笑顔を、彼は浮かべた。

「いまだに僕は外へ出るのがあまり好きじゃないですし、一人でレストランとかにも行けないです。なので、コンビニにイートインができたのがすごくありがたい。踊るクラブに一回誘われて行って、自分に合わないなと思ってからは、一回も行ったことがないですし、仕事が終わったら基本的には家から出ないです。なので、それを知っている親とか弟には〝それでよく仕事ができるね〟とは言われます」

もともと「ビビり」かつ「内向的」だという金城が小学生の頃に野球を始めたのは、野球好きの父の勧めによるものだった。

「野球部だった時に、先輩とか先生が怖かったんですよ。当時の野球部員は不良しかいなくて、特に中学校は本当に怖かった。こんな性格ですので、いじめられないように必死でした」

気弱な彼だったが、野球をやめず、普天間高校へ進んでからも続けた。

「父親に小さい頃から〝お前は甲子園を目指すんだ〟と言われていたので。ただ、うちには三つ年下の弟がいるんですけど、弟に野球で勝てたことが一度もないんですよ。弟は社会人になってからも、四国アイランドリーグでずっとプレーしてたんですけど、プロ野球のドラフト会議で下位指名するかもしれませんって、スカウトの方が毎年挨拶に来るほどの実力の持ち主でした。高校で野球部の監督から僕が初めて掛けられた言葉は〝弟はうちの高校に来てくれるのか？〟だったので、まあ、惨めな兄でした(笑)。なので、悔しいとかもないです。でも、小さい時から甲子園へ、ということでやってたから、高校までは頑張るというのが目標でした。そんな低い目標だからレギュラーになれなかったんだと思います」

ちなみに、金城が高校3年の時、選抜高校野球大会で、沖縄尚学が沖縄県勢として初めて甲子園制覇を成し遂げている。その県大会で彼のいる普天間はベスト4に入るような強豪だった。周りの選手は彼より能力が高く、大会で彼はいつも控えのベンチか、応援席のスタンドにいる選手だった。それでも、仲間とともに同じ厳しい練習に励み、過酷なあまり吐いたり、鍛錬による足の痛みで階段を上り下りできなくなったりしながら、耐え忍んだ。部活動などできつい思いをしたことが、社会に出た時に大きな力になると、よく言われるが、金城たちもまさにそうだった。そして内向的な金城にとっては何より、仲間たちとのふれあいを通して、人との接し方を身に付けられた。

「性格とは真逆の環境でずっとやっていたので、今となってはそれが良かったなとは思ってます。もし、あの時代がなかったら、ホントに引きこもりの人間が出来上がっていたはずなので」

野球人生は決して華々しいものではなかった。だがその経験が、大人になってからビジネスで莫大な成果を挙げる素地を作り上げていた。

「ビビり」で「内向的」な人間がどのようにして変わっていったのか、そこに私は強い関心を抱いた。

日本から遠く離れた地で、彼は決して逃げなかった

高校卒業後、金城の選んだ進路は、韓国の大学への進学だった。

「父親が米軍基地内で空調管理の仕事をずっとしていて、僕は同じ仕事がしたかったんです。それを父に言ったら、上の地位を目指すなら大卒であることがすごく重要だから進学しなさいと言われたんです。でも、国

立大へ進む学力はなく、私立大へ行くお金はうちの家庭にはありませんでした。その時、途上国の大学なら学費が安いんじゃないかと勝手に考えて調べたんです。最初、フィリピンだったかインドネシアだったか、そこの大学へ行こうと思ったら、卒業資格が日本では短大や専門学校卒にしかならなくて、それはまずいということで北上していったら韓国の大学が当てはまって。世界中から留学生を受け入れていて、韓国語を喋れなくても付属の語学学校に1年通って語学を身に付けたら、そのまま大学1年生になれる、というふれこみだったので、じゃあ行けるかもと」

父の仕事のつながりで、幼い頃から家によく外国人が遊びに訪れ、金城自身も父に連れられて基地内へよく入り、外国人と交流していた。基地が隣接する地域に住み、外国人は常に身近な存在だった。それらの体験が海外へ行く心理的ハードルを下げていた。

2000年、金城は韓国へ渡り、語学学校を経て現地の大学へ入学した。当初は寮生活だったが、途中から寮を出て賃貸の一軒家で一人暮らしを始めた。

「たぶん、僕の中で一番のターニングポイントは、韓国で一人暮らしを始めたことだと思うんですよね。寮には日本人もいたので、日本語でちょっと会話もできましたし、ご飯は朝、晩付いていて、洗濯機もあり、衣食住全てが守られていたんです。で、一人暮らしを始めた時に、それらが全てなくなっていることに初めて気付いたんですよ。それこそ、インターネットをつなぐためのプロバイダーとの契約を韓国語でやらないといけないとか、電気の開通や水道の開栓、韓国はオンドル（床暖房）なのでそれを使用するための手続き、大家さんとの家賃交渉、そして、寮から学校まではバスが出てたんですけど、自分で行かないといけなくなったのでバイクを買いにいったりだとか。そういったものを全部自分でやりました。その時から、生きていくためにはこういうふうにやらないといけないんだなとかいろいろ学んだ気がします」

自立すべき所と、人に頼っていい所を判断する感覚もそこで身に付け始めた。

金城が後に海外起業家となる大きなきっかけとなった大学時代の経験は、彼の著書に詳しく書かれている。金城の家に留学生仲間が集まり、自炊して一緒に夕食を取るようになっていた頃、ジョージアからの留学生がおじに頼まれて韓国製の中古車を自国へ輸出し、結構な額の手数料を得たことを話した。その場にいたアンゴラ人が言うには、輸出先がアフリカのアンゴラならさらに利益が出るということだった。そして、西アフリカ出身の日本人女性・金谷君香の発案に、金城と二人のアンゴラ人兄弟はすぐに乗った。

彼らは学生でありながら、アンゴラへの中古車輸出販売を始めることにしたのである。車の仕入れには学費を充てた。想定していたスケジュールより大幅に遅れたことで、学費と家賃の滞納や、生活苦に陥りながらも彼らは最初の輸出を成功させた。ビジネスをその後も継続し、学生時代だけで4人で計3千万円の利益を生み出した。

それでも金城にとって、卒業後に起業する考えはまだなかったし、将来は歴史に関わる仕事か絵画などの修復士、もしくは公務員の職に就きたいと思っていたという。ところが海外の大学にいたため日本での就職活動の機会を逸し、彼は進路を決めないまま卒業して沖縄へ戻った。大学にまだ在籍していた金谷が1年後に卒業した後、彼女に声を掛け、金城の実家を本社の所在地として起業し、再びアフリカで中古車販売を始めることにした。今度は扱う車を日本製とし、送り先には当時、まだ競合が少なく、右ハンドルを採用しているタンザニアを選んだ。彼らの新たな挑戦が始まった。

２００７年10月初旬、トヨタのランドクルーザープラドとＲＡＶ４、カローラの計４台の中古車がタンザニアに到着するのに合わせ、金城と金谷は現地入りした。だが営業を始めたものの、すぐに売れると高を括っていた見立ては完全に外れた。１カ月たっても１台も売れず、手元にあるお金は４万円ほどまでに減った。

当時の心境を金城は今、こう振り返る。

「不安よりも、惨めな気持ちの方が強くて……。日本大使館に行って難民申請みたいにしたら帰りのチケット代ぐらい貸してくれないかな、とか考えていました。本当につらかった。あのどん底の気分は、まだ笑えないんです」

八方ふさがりの中、入国時に加入した医療保険の営業マンが金城たちを心配して訪ねてきて、自分の顧客につなげてくれたことで最初の１台が売れた。そして相次いで３台が売れて完売となった。アフリカでは何より〝人の紹介〟が大事であることを彼らはそこで知った。

金城たちは現地法人を構えて事業を続けた。さまざまな付属品が装備されたままの日本車は人気となり事業は軌道に乗った。約半年後には、タンザニアで独自の自治権があるザンジバル島の当時の税制を利用し輸入税を安く抑えられるようになると、収益は飛躍的に拡大した。中古車販売事業から派生し、在庫を運用するためのタクシー会社を設立したり、村が要望する建設事業に応えるため建設会社をつくり、関連して資材搬入会社をつくったりと、事業を進めるために必要な会社を次々と興していった。タンザニアが政情不安に陥った場合のリスク回避策としてビジネスの拠点を、他の国の西アフリカ・ベナンに置き、そこで中国の日用雑貨の輸入卸売を始めた。他の国へも拠点をさらに増やした。企業買収も手掛け会社はさらに拡大し、わずか4年のうちにアフリカ全体で40社以上（後に約50社に増え、約30社に統合）、年商300億円のグループ会社へと成長していった。

「僕の業績は、僕がいなくてもたぶんできたんです。もし何カ国語も話せる金谷君香さんがいなかったら相当難しかったし、今ではうちのグループの幹部である、君香さんの幼馴染みたちがいなかったらかなり厳しかった。アフリカで影響力があり、ビジネスにも秀でている彼らと出会えて、彼らが僕と一緒に仕事をやってくれている環境はものすごく運がいいんだろうなと思っています」

さらに「時代」も味方したという。

「ちょうど僕がアフリカでビジネスを始めたのが2000年代初頭です。実は1990年代後半から2000年代前半までが、今のアフリカの財閥の基礎となった時期なんですよ。そこでお金を稼いだところが今、財閥になっているんですね。そういう中に僕はいたので、財閥がまだ小さかった時からお付き合いさせていただいてました。1980年代に、世界の社会主義国がどんどん資本主義に鞍替えしていって、財政的な問題や縁故主義の問題など、社会主義だった時のさまざまな膿がどんどん出始めて、なんとなくうまくいきだしたのが1990年くらいなんですよ。そこからしばらくして経済が追い付いていく草創期の最初が90年代後半で、アフリカでいうと、その最後の時期が2000年代前半です。その時期にアフリカでビジネスをしていたので、やればできる環境ではあったんです」

〝運〟や〝時代〟は、大きな成果を挙げた者がインタビューでよく口にする言葉だった。だが彼らは、それらを味方につける惜しみない努力を間違いなくやっている。金城のそれは、何なのか。

「まさに逃げなかったところです。こうやって楽しげに仕事のことを語ったりしてますけど、続けていくにあたって、つらいことや逃げたいこと、やめたいこととかってたくさんあるんですよね。当時は、アフリカで現場に出て仕事をやっている日本人は僕ぐらいしかいなかったんです。商社の人も政府の人と話をして上の方でまとめるためだけに現地にいるので。現地の人から見ると、僕が日本代表で、もっと言えば沖縄代表なんです。僕の言動一つが〝あの日本人が〟〝あの沖縄人が〟と変換されていくんです。そうすると、うまくいかなかった時に心が折れる姿は見せられません。そこは本当に意地です。しかし、その時にやり続ければ信用してくれる」

日本の企業などに一度も勤めたことはなく、いきなり海外の見知らぬ地で社長業を始め、今や大きなグループ会社を動かしている。どのような心持ちで向き合っているのか。

「うちのグループの幹部の中で僕の発言力って、たぶん一番低いくらいなんですけど、それでもトップに立たされているからには、役目を全うしないといけないと思っていて、それで、強くなろう、みんなが折れそうな時には折れないような言葉をかけて、立ち居振る舞いをしようと自分に言い聞かせています」

その覚悟のありようをたとえて、彼は「粘土」と表現した。「カッコいい感じではなくて、どすどす当てられても、ずっとそこにあるような強さを持つというイメージですね」

一方、アフリカに進出してくる他の国の企業の人々と比べ、日本人は「辛抱強さがなくなっている」と金城は指摘する。

「ほかの国の人だったらもっと頑張るのに、これくらいのつらさで音を上げるんだ、というのはホントに思っていて。今の風潮で〝つらかったらすぐ違う所に行った方がいい〟とはよく聞きます。それも一つは正しいと思うんですけど、我慢してそこに居続けるのも大切なことだと思うんですよね。たとえば、どこかの国で経済状況がすごく悪化して、そこにいても赤字の垂れ流しにしかならない時、99パーセントの企業はいなくなるわけじゃないですか。でも経済って絶対、波なので次は上がる。その時に残った会社に全ての仕事が舞い込むんですよ。残っているからこそ価値が出る会社ってたくさんあります」

沖縄人特有の穏やかな空気をまとっていた金城に、一瞬、鋭さを見た気がした。

海外を選択肢に入れてないのであれば……

「沖縄でずっと仕事をすることって、別に悪いことだとは思わないですよ。ただ、外へ行く選択肢を知らなかったり、そもそも選択肢として考えてなかったりしてるのであれば、それは考えとして入れた方がいいんじゃないかなとは思っています」

生まれ育った地域にとどまり続けることをどう思うか、尋ねたことに対し、こう答えた。

さらに、ホントに残念なのが……と言い、金城は例を挙げた。世界中のどこかで建設ラッシュがあり、そこでは高価なクレーンを扱える運転士が重宝されていて、日本でクレーンを操縦できる人が少し頑張って英語を身に付ければ年収が海外では一気に跳ね上がる。だが日本人はそれを知らない、と。

「頑張れば習得できる技術や資格を掛け合わせたら、世界で通用するんですよね、きっと」

海外に目を向ける意義は、個人だけに当てはまるものではない。

「日本人はみんなこう言うじゃないですか。〝日本って商習慣や法律とかがちょっと特殊だから、日本で成功したとしても世界に出た時にそれは通用しないよ、またゼロから構築だよ〟と。〝だから世界に出て行ってリスクを冒すくらいなら、日本の中でちょっとずつ成長した方がいい〟と。それはそれでいい判断だとは思うんですけど、日本だけが特殊じゃなくて、世界中どの国、どの地域も特殊なんですよ。でも、そこで育った人間が別の特殊な所へ行った時に成功できるように世界中の企業が頑張っているじゃないですか。日本人も頑張らないと、いずれかの時に世界から置いていかれる国になる可能性がある。それで施しを受ける国民、県民になったらすごく嫌だなと思ってるんですよ。だから今、努力できるのであれば努力して、少しリスクを冒してでもやっていいんじゃないか、とは思っています」

海外でのビジネスを成功させるために大切なことは、との問いには「どこで仕事をしても、相手は人間なので変に構えたり不安に思ったりしないこと」。途上国でのビジネスはトラブルが多い印象がある、とぶつけると「もう、トラブルは必ず起きると思っていて、今後も絶対そういう中で仕事をするんだと思っています」と精神的タフさをのぞかせた。そして海外に出ることへの漠然とした〝怖さ〟は行動に移すことで乗り越えられるとも話した。

「怖さは体験すると案外そんなものかと思うことが多いです。みんな同じ人間なんだなとよく思う。アフリカ人と喋っていて自分の肌の色を忘れる時があるんですよ。そういうのって楽しい」

インタビューの限られた時間内で、会社経営のより詳細な話は聞けなかったが、金城の著書には、経験から得た、アフリカにおいてビジネスをうまく進めるコツや、心構えなどが示されている。現地の人々の特性に応じて対応を取っていることや、会社のスタッフの心をつかむやり方については、たとえば、給料自体を高額にするのではなく、通勤手当や家賃手当、子どもの学費を会社が支給するなどして福利厚生を充実させ、社員とその家族の愛社精神を高めることに心を砕いていることが紹介されている。そのほかにも、スタッフの不満や要望について小さなことでも観察し、その人たちの立場に立って考え対応するよう努めるなど、金城が実に細やかに会社経営していることが分かる。

インタビューで彼はこうも言っていた。

「ビビりの人って繊細なことをできる人が多くて、繊細な人が大胆さを覚えた時に、ものすごく伸びると思ってるんですよ。僕ら野球少年のスターだった沖縄水産のモットーが〝大胆細心〟でした。うちの父親が〝細心さのある人が頑張って大胆さを身に付けることはあっても、(もともと)大胆な人が頑張って細心さを身に付けることはできないよ〟と言っていて、いろいろなことを本当に丁寧にやるのは大切だからとずっと教えられていたので、それはホントに良かったなと思っています」

学生時代にアフリカでビジネスを始めてから2024年で20年余り、沖縄からアフリカへ渡って起業してから17年となる。島の後輩たちに伝えたいことは何か。

「本当に寝食忘れるくらい一生懸命やったことって、そこで花開かなかったとしても違う所で花開くと思うんですよ。本当に真剣に一生懸命仕事をすることって、すごく大切だと思っています。特に若い子であればあるほど」

この先どこへ向かうのか尋ねると、「就活に失敗して起業した口なんで、あまりないと言えば、ないんですけど……」と申し訳なさそうな表情を浮かべながら、続けた。

「誰かから、もしくはどこかの企業から期待されている限り、それを全うできる会社になりたいなと思っています。なんか年々、ハードルが上がって困ってますけど……。それと僕は、長く続ける会社はすごいと思っていて、長く続けられる会社になりたいです」

謙虚で誠実な、金城らしい言葉だと思った。変に構えず、怯えず、やって来た好機の流れに軽やかに乗る。ただし、大きな困難が現れた時には、決して折れない粘土のような強さで踏ん張り続ける。海外の地で、同じ姿勢で一つ一つの仕事に向き合ってきたのだろう。運もある。しかし、運をつかみ発展させたのも、間違いなく彼の力であることを確信した。

書き手として、なかなか金城拓真さんを捉えきれない、一言では表せないユニークさがあるように思えた。言葉は悪いが「矛盾」とでもいうのか。「ビビり」で「内向的」でありながら、極めて大胆でスケールの大きいことをやってのけている。もちろん苦労は多いだろうが、これまでの体験を涼しげな顔で話す。沖縄人らしいゆったりとした雰囲気を醸し出しながらも、時折、海外のビジネスで揉まれて身に付けたと思われる厳しさも垣間見せる。

しかし、さまざまな面を内包していることこそが、金城さんのユニークさであり、幅広い人間性を備えていることが、さまざまな事態への対応力が求められるアフリカ・ビジネスにおいて成功できた大きな要因だと僕には思える。「繊細な人が大胆さを覚えた時に、ものすごく伸びる」とは、まさに自分自身の体験なのだろう。

僕もとりわけビビりである。だから金城さんが「ビビり」や「内向的」だけにとどまらなかったのはなぜか知りたかった。ここからは僕の推測だが、ポイントは三つあると思う。

一つは、物事を客観視することだ。金城さんは幼い頃から事あるごとに父から、「第三者から見たらどう見える？」と叱られていたという。仕事で壁やトラブルに面した時も「心の中で第三者が見ている体《てい》で見ている」とも言う。もともとの性格が変わらなくても、客観的に見て行動に反映できるかで、結果に雲泥の差が出ると思う。

二つ目は、金城さん自身も大きな経験だったと語っていた、野球を通した仲間たちとのふれあいだ。高校時代、野球部で控えの立場だったが、それでも腐らず、自分より能力の高い選手たちに常に囲まれて最後まで部活動を続けた。その環境が、金城さんにもともとあった謙虚さや、人の話にきちんと耳を傾ける姿勢に磨きをかけたのではないか。アフリカで起業し、会社がどんどん拡大する中で、金城さんが自分より能力が高いと認めるビジネスパートナーたちに囲まれながら経営のかじ取りをする上で、高校での部活動の経験が大いに役立っているのではないかと想像する。

金城さんの会社の事務所で終業後に毎日強盗が入り、テーブルの上に100ユーロを置かなければ何か盗られることがあったという。スタッフから、タンザニアで信じられている、ブードゥー教の相手を呪う祈りをやったらどうかと提案があり、実際に祭司を呼び試してみると、会社の建物が結界に守られているという噂が立ち、強盗が入らなくなったという。それを金城さんは愉快そうに話した。意見を幅広く聞き、好奇心を持って試し、ユーモアにも変える。金城さんらしいエピソードだ。そのほかにも危険な目に遭った体験を金城さんは軽やかに話した。

「ビビり」や「内向的」な性格を越える三つ目のポイントは「責任感」ではないか。新しいプロジェクトをする時、金城さんは「倒れる時には前のめりだ、くらいの気持ち」で臨むという。それは、失敗や撤退で迷惑が掛かる人がたくさん出るからだと言っていた。強い責任感を本気で持った時、ビビりは案外薄れるのかもしれない。

金城さんが２００７年にタンザニアに渡った翌年、奇遇にも、僕もアフリカを訪れていた。マラウイ共和国で、ＪＩＣＡの青年海外協力隊員として活動する沖縄県出身者を取材するためだった。

緑豊かな地で、子どもたちの目は輝いていたが、経済的には貧しく、大きな荷物や容器を頭に載せて歩く女性たちを見て、戦前の沖縄の風景がこうだったかもしれないと思った。そして途上国の一般の人々が携帯電話を使用していることに驚いた。ただ、僕の感想はそういった程度だった。そこで自分が何かのビジネスをできるとは想像すらしなかった。

だがその頃、金城さんはアフリカの別の地で、ビジネスの種を見つけ、それを大きく育てようと日々奮闘していたのだ。金城さんの精神的な自由さとたくましさを改めて思い知った。

夢は叶う、叶えるもの。自分を知り信じてあげることが大切

インタビュー #10

ファッションスタイリスト

知念《ちねん》 美加子《みかこ》 さん

インタビュー場所に、知念美加子は、鮮やかな赤に黒の小花柄の入ったワンピース姿で現れた。落ち着いた雰囲気の中で、華やかな可憐さが際立つ。

雑誌やテレビ、ファッションショーなどに登場するモデルやタレントの服装の着合わせを担当する「ファッションスタイリスト」が彼女の職業である。女性人気ファッション誌『ＶｉＶｉ』で活躍し、彼女自身が日常のファッションを発信しているインスタグラムが人気になり、多くの若者へ影響を与える存在になった。そんな彼女は10代の頃、自分が将来、何になりたいのかさえ気づいていなかったという。それでも、ずいぶん早い時期である中学生の頃から、将来就く仕事について、真剣に悩んでいた。

「自分からそう思ったのか、親の教育の影響なのか分かりませんが、中学で進路を決める段階で、高校とその次まで決めなきゃと思っていました。でも、全然なりたいものがなくて」

知念が幼い頃、父は居酒屋を経営し、母も店を手伝い、二人とも常に大忙しだった。母はのちに保険外交員となってさらに忙しく働き、昼休み時間を使ってその日の夕飯を家で準備する姿は、知念からすると「スーパーキャリアウーマン」だった。父は好きなことを仕事にしているように見えたし、母は、父を手伝っていた時も、保険外交員になってからも、仕事をとても楽しんでいた。「仕事は楽しくないと意味がない」と知念が思うようになったのは、そんな二人からの影響である。中学生の知念にとって、働くことは身近でリアルなことだった。そして「働くなら、好きなことをやる方がいい」と思っていた。

義務教育が終了すれば子育ては終わり、という母の教育方針の下で育った知念だったが、結局、中学では就きたい仕事が見つからず、選択の幅を広げるため、普通高校である進学校の那覇高校へ進んだ。しかし、将来に明確な目標が持てない状況は変わらなかった。

「大学へ行く選択肢はありませんでした。これも親の影響なんですけど、両親とも大学へ行ってるんですが、私が小さい頃から〝今は大学に行って、いい就職をするという時代でもないから〟みたいなことをすごく言っていたのが印象的で、別に無理して大学へ入るための勉強をしなくていいんだと後押しになって。それで、目的のない勉強ができなかったんです」

多くの生徒が大学進学を目指して勉強に励む中、知念は学校で「浮いた存在だった」と述懐する。ただ、そんな彼女にも担任の先生や友人たちは温かく接してくれ、勉強以外では青春の3年間を満喫した後、無事卒業することができた。

卒業後は、アルバイトを掛け持ちする生活を送るようになるが、心に浮かんできたのは、焦りだった。

高校時代、気になった職種への就職はもちろん検討してきた。通っていた歯科医院の歯科衛生士に憧れていた頃は、学校の授業で職場見学もしたが、自分がその仕事に就きたいとは思えなかった。その後、最も興味のあった美容系の専門学校は学費が高く、自分で賄うようにとの母の方針を前にした時、進学するほどの情熱はなかった。「それなりにお金をかけてもいいと思えるものを見つけないとダメだ」と知念は考えるようになった。

それでも、卒業後、仲の良かった友達が、自分が行きたいと思っていた専門学校へ通えているのは悔しかった。だから、彼女たちがそこを卒業する2年後をタイムリミットに、「自分も自信を持てる何かになってやる」と誓った。

だが、1年過ぎても、先は見えなかった。いよいよ焦りが大きくなった。そこで知念はある決断をする。オーストラリアへの語学留学である。しかし彼女に言わせれば、それは「逃げるという行為を、どうカッコよく見せるか」という行動でしかなかった。アルバイトでお金を貯め、20歳になる年に渡豪した。

オーストラリアで小学校英語指導者の資格を取得して、知念は1年後に帰国する。その後、沖縄県内で子ども英会話スクールの教師になった。そして、「私の行く先はここだったのか」と思うほど仕事は楽しく、充実した日々を送るようになった。子どもたちもよく懐いてくれ、ゆくゆくは自分の教室を持ちたいとさえ思ったという。だが、そんな時、一人の中学生の女の子から掛けられた言葉が、知念の心を激しく揺さぶった。希望に満ちた表情で将来は美容師になりたいと語るその子は、知念にこう尋ねてきた。

「先生は将来、何するの?」

心の奥深い所に大事にしまってあった子どもの頃の想いが、一気に蘇ってきた。

小学4年生の時、職業を調べる授業で、図書館にあった本から「ファッションスタイリスト」の仕事を見つけ、なりたい、と感じた想いだ。主人公の名前が知念と同じ「みかこ」で、ファッションデザイナーの夢を叶える漫画の『ご近所物語』が当時、同級生の間ではやっていて、知念も主人公に憧れたが、みんなと一緒になることが嫌で、自分だけが見つけたのが「ファッションスタイリスト」だった。でも、実際になれるとは思っていなかった。その夢を軽々しく口にもしたくなかった。

「その子の言葉と、私の思い出がすべてミックスされた時、〝そういえば私、スタイリストをやりたいんだったよな〟と思い出して。でも、その気持ちに向き合ったことはなく、それで諦めるのはもったいないかも、と思いました。なれないかもしれないけど、一回口に出してやってみよう、と思って、それでいきなり〝東京行ってスタイリストのアシスタントになります〟と周りに言って行動したんです」

中学からやりたいことを探し続け、10年近くかけて自分の気持ちに気付いた知念は、一歩を踏み出した。

ブレない意志と感情のコントロールで困難を乗り越える

人は、大きな挑戦をする時、困難を予測し、悲観的になったり過度に気負ったりすることが少なくない。だが事前に読んでいた知念の著書や、インタビューでの発言から、それらは感じられなかった。

「こう気を張って、よし、やるぞってことが少なくて、結構、流れに身を任せることが多いですね。力を入れ過ぎると、結局自分も潰れちゃうし、本来やれることができなくなる気がして。それに、自分的にはサラッとやった方がカッコいいと思ってるんですよ。ほんとは必死こいてるんですけど。頑張ってる姿を見せるのが得意じゃなくて」

スタイリストになるには、すでに活動しているスタイリストのアシスタントに就き、技術を学んで人脈を作り独立する方法がある。知念はそれを目指した。ただ、スタイリストになれたとしても、仕事を得られる保証はない。

しかし知念に不安はなかった。

「やっと踏み出した一歩だったので、不安とか怖いとかでやめてしまうほど軽いものでもなかったですね。もちろんリスクもあったけど、やってみないと分からない。スタイリストになっても仕事が来ないとか、なんなら、アシスタントにも一生なれないとか、または、なっても辞めさせられるとかあったのなら、それはそれで、まあいいかっていう。他人の情報で諦めてしまうよりは〝やるだけやって〟という感覚でしたね」

アシスタントに就く当てもないまま上京し、東京の大学へ進学していた中学時代からの彼氏の家へ転がり込んだ。

行動を起こせば、時に運も味方する。上京してすぐに、インターネットでスタイリストのアシスタント募集を探すと、全国で人気のファッション雑誌『ＶｉＶｉ』のトップスタイリストである大田由香梨のブログでアシスタント募集を見つけた。即座にメールで応募し、以前から自分のコーディネートを写真に撮って雑誌風にコラージュにしてポイントを書いていたスタイルシートと、履歴書を郵送した。なかなか返信が来なかったが、積極的に再びメールで問い合わせると採用された。

アシスタントは、雑誌などの撮影に合わせ、膨大な数の洋服や小物を借りてきて、師匠のスタイリストがコーディネートを組むのを手伝い、メモし、資料を作成し、撮影が終われば借りてきた品の返却などを担う。業務は極めて過酷だ。しかし、心の準備はできていた。

「アシスタントに応募する前に記事とかで調べて、とにかく大変だというのは全部に書かれていました。撮影などで忙しい時は一週間寝れないぐらいまでは想像していたけど、実際は3日だったので想像範囲内でしたね。雑誌の出版社に仮眠室など設備が整っていて、給料も割といただけたので、恵まれていたと思います」

それでも「アシスタントはもう一生やりたくないくらいホントに大変だった」とも振り返る。だが、具体的に大変だった事柄の詳細を知念はあまり覚えていなかった。それは、過去の失敗や挫折についても同じだった。

「確かにあるんですけど、こう説明できるほどは思い出せないんですよね。ということは、自分の中で消化していて、失敗って思っていないんだろうな、と。負の感情がすごく嫌で、困難であったり、今つらいなと思うことがあっても、そこに立ち向かうというよりは、今はそういう時期なんだな、たぶんこれを受け入れたらまたいい流れになるんだろうなとか考えて、負の感情に持っていかれないように流しますね」

そして、どんなに大変でも、固い決意が知念の中にあった。

「私がなりたいのはアシスタントではなくスタイリストだったので、辞める選択肢はありませんでした」

ブレない意志と感情のコントロールで、日々、怒涛のようにやってくる業務を乗り切った。知念よりも1カ月早くアシスタントに就いた先輩がいて、彼女の支えにも救われた。2年間のアシスタントを経て、知念はついに念願のスタイリストとして独立した。

自分のスタイルってあるんだと気づく

夢だったスタイリストとして独立したが、はじめのうちは仕事のスケジュールががら空きで不安や焦りも出たという。しかし、独立前に師匠の大田と『ＶｉＶｉ』の編集部へ挨拶に行ったりしていたことから仕事が増え始め、また忙しい日々を送るようになった。そして、知念自身初めて、アシスタントを雇うようにもなった。だが独立して2年が過ぎると、心の中で新たな悩みも生じていた。

「〝自分のスタイリング〟って何だろうと思ったんですよね。アシスタント時代にメインで習得したのがメジャーなコーディネートだったし、自分も東京感覚で育ったわけじゃないので、自分の色が分からなくて。師匠がとても名の通った方だったので、大田由香梨のスタイリングはこういう感じだよね、というのがすごくあったし、その下で働いていたので、独立後1、2年は由香梨さんのスタイリングを想像した人が私に仕事を振るという感じだったんです。でも、全く一緒のスタイリストって必要ないんですよ。大田由香梨というフィルターを通した〝知念美加子〟っていうのを作らないといけないんですけど」

悩みから脱するきっかけを与えてくれたのは、周りからの反応だった。雑誌で知念のコーディネートと知らずに見た人が「これ、知念ちゃんっぽいと思って見たらそうだった」と言ったり、ある洋服を見た人が「これ知念さんが好きそう」と掛けたりしてくれた言葉である。

「洋服を通した知念美加子というのがあることに、周りの反応で気づかされて、あ、自分ってあるんだって思って。でも、その自分らしさっていうのを言葉にできなかったんですよ。大田由香梨さんは〝シンプルクール〟というカッコいい女性の感じのコーディネートが特徴で、私はもちろんそれも好きだし、柄と柄の組み合わせも好き。好きなものがいろいろあり過ぎる。それでも、周りからすれば私の色があって、このままでいいんだと思いました。シンプルも好きだし、派手も好き。それが知念美加子。スタイルは自分でつくっていくものなんだなと思いました」

ありのままの自分でいいと信じられるようになると、『ＶｉＶｉ』でのスタイリングのほかにも、テレビ番組出演など活躍の場がどんどん広がった。アシスタント時代からやっている、自分でコーディネートした服を着て発信するインスタグラムで、フォロワーが３万５千人を超えるなど、影響力のある存在になった。受け手がどう思うかまで考えなければならない職業だからこそ、「知念さんのコーディネートって派手だけど、真似したいと思わせてくれるから好き」と言われた時は、大きな喜びを感じた。

「私が沖縄育ちで東京感覚でもないし、なんかちょっとこう庶民派というのもあって、それがスタイリストの仕事にミックスされて、少し新しいジャンルにいるのかなと思います」

〝これが自分〟という立ち位置が見えてきていた。

人は、自分のファッションに気を使うかどうかに関わらず、生きてはいける。人が生きる上で、ファッションがどういう役割を果たすのか。知念が過去に、ファッションがうまくなるには自分について知ることが一番早いと、発言していたことに触れると、こう言った。

「自分を知るということは、自分がどうなりたいのか分かることだと思うんですよ。ファッションはセンスの有無でもないし、楽しむものです」

ちなみに、ファッションセンスは磨けるものなのか、あるいは、持って生まれた才能なのかについて、彼女はきっぱりこう言った。

「私にファッションセンスがあったかと言われたら、普通なんですよ。でも、それは地方ではよくあることで、東京の大都会で最新のファッションを見て育ったらファッションセンスとか感度が高まるかもしれませんけど、地方にはそういう環境はあまりないので。センスがあるかどうかを求めるのじゃなくて、センスは磨けることにまず気づくこと。そしてセンスがないんだったら磨けばいいじゃんっていう発想をすること。磨くためには自分で求めに行かなきゃいけないし、見なきゃいけない。触らなきゃいけない。どうやったら磨けるのか、自分で考えられるということが、私は大事だと思っています」

知念の場合、世の中でどういうものが好まれるかへの感度が比較的高く、それが、もともと彼女が好きだったファッションと結びつき、派手とシンプルの間の一般の人が着たいと思えるスタイルを提示できていると、知念は自身で分析した。

やりたいことを、やれるだけやってみよう

2017年に結婚し、19年に出産を機に住まいを沖縄に移し、出産後わずか2カ月で仕事に復帰した。月の半分を東京で過ごす生活を続けていた。だが、夫もフリーランスであり、先の安定が保証されないスタイリストの職業を続けていいものか、迷いが出てきた。負の感情のコントロールが得意だという知念が、最大の不安に襲われた。

「今までホントに流れに任せてきた人生だったので、自分じゃない誰かの人生の責任を持つとなった時、このまま自分勝手でいいのかな、と。スタイリストってやっぱりカッコよくいたいので、子育てであたふたしたくないとか思って。子どもを学校に行かせられるかとか、保育園に入れられるかとか、マインドが超現実的になって。だったらすっきりやめて定収入のあるどこかに勤める方がいいのかなとか、それこそ本当にスタイリストをやめる選択肢が初めて出てきましたね」

それでも、最終的に思い至ったのは、知念が人生でも、仕事でも、最も大切にしてきた「楽しむ」ということだった。

「やっぱり私の人生であって、この子の人生でないし、たぶん、私が楽しい方がこの子も楽しいって思ってくれるだろうから。もしかしたら振り回しちゃうかもしれないけど、やっぱり、やりたいことをやれるだけやってみようと思ったんですよね」

スタイリストになった頃から、将来は沖縄で仕事をしたいという想いを抱いていた。その後、沖縄でもたびたび仕事をしたり、人脈を広げて仕事の種をまいたりしてきたが、力不足を感じ、「まだ今じゃない」と沖縄に軸足を置かずにやってきた。だが、年齢を重ねて力も付き、沖縄で新たな仕事を生み出したいという気持ちが高まった。

迷いから吹っ切れた知念は、2021年、那覇市松山のビルにアトリエを構え、沖縄を拠点に新たな取り組みを展開している。そこでは、知念が好きな小物や自身で作成したドライフラワー・ブーケなどを置き販売している。ネイリストもおり、ネイルの施術もしている。アトリエを構える際には、内装も自分好みにすることにこだわった。自分の気持ちが高まる物に囲まれ、大好きなファッションを自由に新たに創造できる空間だ。

さらに、2024年春には、アトリエ隣の部屋に、自身初となる洋服のセレクトショップもオープンさせる予定だという。知念は沖縄で活動する中で、沖縄の人たちが、東京の人たちと比べて洋服にあまりお金を掛けないことを感じた。少し値段が高めの洋服で楽しむおしゃれの良さも商品を通して紹介しつつ、知念自身、二児の母として子育てに追われる中で、子どもと動き回ることに適した服装をする機会が増えたことから、手に取りやすく、扱いやすいけれどもおしゃれに見える洋服なども提案していくつもりだという。「私自身がおしゃれを頑張って、それを見て〝いいな、ちょっとやってみようかな〟という空気をつくって、沖縄の人たちのおしゃれを引き上げられたら」。その気持ちが何より大きい。

自分のスタイルで楽しみながら新たな挑戦に知念は臨んでいる。

夢を実現させるポイントを尋ねると、こう言った。

「夢は叶うもの、叶えるものだと思っていて、私が口に発した時は、絶対実現する、させると思っています。かといって、そんなに意気込んでなくて〝夢って叶うもんでしょ、まずはやってみよう〟みたいな、柔軟さと軽さがあります。いろんな情報があって不安になっても、まずは自分と向き合い、自分を知ること、そして信じてあげることが大切かなと思います」

鮮やかな赤を基調としたその日のコーディネートが、情熱と、秘めた強さも含んでいるような気がした。

知念美加子 回顧録

高校3年生の頃の自分の記憶が蘇ってきた。

癇癪オヤジのような先生が国語の教師だった。口調は荒々しく、常に攻撃的な印象だったが、その発言の裏に人情深さのようなものも感じられ、僕はその先生が好きだった。

だから、勉強に全くやる気が出ず成績はクラスで常に下の方にいた僕だったが、その先生が課題に出した作文だけは自分の力を出し切ろうと思った。そして一度だけ、何かの作文コンクールのクラス代表に、先生は僕を選んでくれた。その時の作文はもはや僕の手元になく、内容はうろ覚えだが、確かこのようなことを書いた。「これから大人になって現実を知り、大きな夢や目標を持てなくなるかもしれないが、平凡であっても日常生活の中で、やりがいや達成感を感じられたらいいと思う」。作文を評価されたことはすごく嬉しかったが、作文の内容から、その体験は、大人になるにつれ、夢や目標を10代にしてずいぶん小さくまとめてしまった記憶として僕の中に残った。

だから、知念美加子さんの高校時代や、卒業後の話は、僕にとって、とてもまばゆく感じられた。

知念さんも高校時代、勉強に身が入らなかったという。それは、将来、何がやりたいのか分からないからであった。だが、知念さんは大きな夢や目標を持つことを決して諦めなかった。自分が本当にやりたいことをずっと真剣に探し続けた。そして、それを見つけ、極めて大変だという情報に接しても、進むことを恐れなかった。同じ年齢の頃の僕との大きな差がそこにあるように思えた。

だが、知念さんの話を聞き、自分の高校時代のことを思い返して、気づいたこともあった。作文を通して将来について思いを巡らせた頃から、自分が何をやりたいのか、多少なりとも考え始めたということだ。それが、後に新聞記者になったことや、ライターとして今も執筆を続けていることにつながっているような気がする。先はまだ見えなくても、とにかく考え始めることが未来への一歩となる。

夢や目標を実現するためには、もちろん行動が必要であることは大前提だ。しかし、加えて、心の持ちようや、感情をコントロールする力も不可欠でないか。負の感情が嫌いで、その影響を受けないようにしているという知念さんの話を聞いて、それを強く思った。

負の感情をかわしたり、自分なりに消化したりしながら、行動を軽やかにどんどん重ねることで、不安はより静まり、行動はさらに加速するように思える。心と行動の相乗効果が夢や目標達成に必要な気がする。

知念さんは幼い頃から、自分の好きなことや、やりたいこと、気持ちにしっかり向き合ってきた。ファッションとは自分を知ることであり、それは、自分がどうなりたいのか分かることである、という知念さんの考えに深く納得した。もしかしたら、彼女は大好きなファッションを楽しむと同時に、自分の内面をずっと探求しているのかもしれない。

インタビューする前、いい機会だから新しい服を買い、着て臨もうと思った。だが、幾つも店を回っても自分がどれを買いたいのか分からず、決めきれず、遂には諦めた。このインタビュー企画を始めた理由でもあるけれど、僕はまだ、自分がどうなりたいのか、はっきりとは分かっていない。服はダメだったけど、代わりに靴下だけは何とか購入した。意地だった。これまでの人生で選ばなかった、エメラルドグリーンに近い鮮やかな青色の靴下だ。それだけなのに、心が確かに華やかになり、新しい自分になれたような気がした。今からでも、夢や目標を追う自分になれるかもしれないと、ちょっとだけ思えた。

あなたがそれを選んで、あなたの心が喜んでいることが重要

インタビュー #11

ドラマー／作曲家

中《なか》村《むら》 亮《あきら》 さん

ドラムセットを前に、彼は意外なほど自然体な様子で椅子に腰かけた。サックス、ベースの奏者双方へ落ち着いた表情を向ける。

那覇市内のライブバーで、ごく当たり前の感じで、演奏は始まった。

シンバルやタム、ドラムをたたいて、鳴らす音や、刻むリズムは、まるで精密機械が発しているかのようだった。加えて、彼が演奏の瞬間を心から楽しみ、音楽を愛しんでいることを感じさせるものだった。

拠点の沖縄や、東京などで活躍するドラマー・中村亮は、この日、自身が全て作曲した約10曲を、ジャズバンドを組むコハモトリオの仲間たちと演奏した。米国のバークリー音楽大学を卒業後、ボストンやニューヨーク、ドイツなどでフリーランスのドラマーとして技を磨いてきたのが中村である。彼の技術と自信が、バンド全体に安心と安定感をもたらしているようだった。

別の日には、歌手で俳優の高良結香のライブで演奏する中村を見た。高良の歌う動きに神経を研ぎ澄ませ、演奏全体をまとめて運行させていく中村の様子に、インタビューで彼が言ったことを私は思い出していた。

「ドラマーって、シンガーの先回りをしなきゃいけないと自分は思っている。シンガーが足を出した瞬間に着く場所をつくってあげないといけない。本当にゼロコンマ何秒の世界。でもそれは、れっきとした知識と技術と経験があるからできるわけ。頭で考えていたら間に合わないこともたくさんある。だから対応するには、普段、頭で考えている時間がものすごくたくさんないと無理なの」

ということは、常日頃から、ドラムの技術が上がることを意識して生活を送っているのか。私が尋ねると、彼は言った。

「そうだね。面白いことに、人生を普通に生きていて、恋愛にしろ友人関係にしろ、何にしろ、音楽とは関係ない所で学んだことが音楽に生かされたり、逆に、音楽や自分のやりたいドラムをしっかり突き詰めて考えて練習したことが、人生で役立ったりすることがたくさんあって。俺はドラムから学んでいることが本当にものすごく多いね」

ドラムこそ、中村の人生である——。彼の演奏を見ながらそのことをひしひしと感じていた。

沖縄生まれの中村のドラムとの出会いは少々遅い。ともに音楽家だった両親の影響で、中村は幼い頃からピアノとバイオリンを習い、音楽に自然と関わる環境で育った。

ドラムの楽器はおそらくテレビなどで目にしたことはあっただろう。だが魅力的な楽器として中村に認識されはしなかった。

中学で入った吹奏楽部では、打楽器であるパーカッションを担当した。演奏していたのは主にクラシック音楽である。将来は音楽の道へ進むのが当然のような認識だった中村は、中学2年から、打楽器奏者で沖縄県立芸術大学教授(当時)の定成庸司からパーカッションを中心としたレッスンを受けた。それまで中村にとって音楽とはクラシック音楽だけであり、そのほかのジャンルについては頭になかった。だが高校へ入学すると、そのクラシック音楽を自分が本当にやりたいのか分からなくなり、意欲が低下し、それで音楽を一度やめようと思ったのだった。

そんな中、高3の時に10カ月間休学し、米国のマサチューセッツ州にある高校へ語学留学することになった。その機会に、定成の勧めにより、彼のおいが在籍していた同じ州内の私立音楽大学へ学校見学に行った。バスで片道4時間かけて着いた先が、バークリー音楽大学だった。中村はそこで、運命的な出会いをすることになる。

授業後に学生たちが教室を借りて演奏していた。その時、中村の目に留まった楽器が、ドラムだった。一気に心をわしづかみにされた。

「演奏していたのは当時、俺が初めて聞くジャンルで、ドラマーがビートをたたいていたの。バークリーにはカフェショーといって、学生同士がライブをして演奏を発表できる場所がいくつかあった。その一つのリハーサルだったわけ。ドラムの音を聞いていて、頭の中でサイコロの目が変わる音が聞こえたくらい、全てが変わったわけ。〝あー、俺はやっと見つけた。ずっと探していたのはこれだったんだ〟と思ったわけよ。その日から何をしても幸せだった。人生を懸けてやりたいことを、もう見つけちゃったという思いで」

バークリー音楽大学への進学を中村は決意した。米国での留学を終えて帰国すると、休学していた首里高校の自分の学修単位に、留学先の高校で取得した単位を移し、異例の9月に卒業した。バークリー大へは、それまで中村がやってきたクラシック音楽のパーカッションを専門として受験し合格した。

米国留学中の17歳でドラムに出会い、19歳を目前に彼のドラム人生はスタートした。

大病になり感じたのは　"自分の人生を生きた"　誇りだった

「俺、たぶん、ものすごくドラムがヘタだったわけ。だって、ドラムをちゃんと始めたのがバークリーに入ってからだから。でもさ、入学から1年もたたないうちにもう仕事をもらってたんだよね」

1998年1月にバークリー音楽大学へ入学し、その年の12月に、ドラム奏者として初めて仕事を得た時のことを、中村は懐かしそうに振り返った。

彼の演奏を聞いたバークリー大のゴスペルシンガーの教授から、自身が歌う公演での演奏を突然、頼まれたのだという。

「どんなふうにドラムをたたきたいというのが当時から俺の中にはっきりあって、単純にそれを自分の全力でやること以外、考えていなかったから、仕事が来たと思っているの。だって、ドラマーとして経験もなく、仕事も初めてという俺に〝いいからお前、この日、空けとけ〟って言うんだから」

初めから中村には、自分だけのビート（アクセントを付けたリズム）のイメージがあった。彼によると、言い表すのは難しいが、拍子の合間に独特の深みを感じさせるたたき方である。それの体現を目指して、彼は常に全力で演奏していた。

工場のような場所でのその公演は、中村にとって忘れられないステージになった。初仕事にも関わらず二十数曲もの演奏を任された。曲数の多さに驚きつつも、中村は事前にしっかり曲を聴き、譜面を読み込んで十分理解し公演に臨んだ。

リハーサルも問題なくこなし、迎えた本番。譜面をしっかり見ながら1曲目を演奏していると、ステージ上でシンガーの教授から、客に気づかれないようにいきなり怒鳴られたのだった。教授は中村に言った。

「アキラ！ ルックアットミー！（私を見ろ）」

激しく動揺した。

「そんなことを言われても分からんよーと思って。それから、ずっとシンガーを見て、譜面はもう、覚えているのをやるぐらい。シンガーがワーッとなったらワーッと行って、下がったら下がって。もう必死でたたくだけ」

なんとか終演までたどりつくと、中村は教授に言われた。

「アキラ、それでいいんだ」

思いがけない一言だった。

「音楽を演奏するというのはどういう意味か。チャート（譜面）じゃないってこと。もちろん、それもやらなきゃいけないんだよ。だけど根本的に重要なことはそこじゃない。アメリカでの経験ではっきりしたのは、ドラマーは多少の間違いなんか別にどうでもよくて、シンガーの心情や、その場の歌い方の判断にどれだけ寄り添えるか、付いていけるかどうかが、とにかく大事だということ」

ただ、米国の東海岸、西海岸の音楽の特徴によって何が重視されるかは違ってくると中村は指摘を加えつつ、初仕事が極めて大きな経験だったと強調した。

その公演以降、演奏の仕事は増えた。だが仕事を受ける中で、中村はこう思った。

「たとえば仕事の電話が2本かかってきて、1本は300ドルくれますと、そしてもう1本は50ドルしかくれませんと。300ドルの仕事はパーティー・ギグ（パーティーを盛り上げる演奏）で、50ドルの方はメンバーもジャンルもワクワクするものだとする。その時、学生で本当にお金もなくて、小麦粉と玉ねぎを焼いて食べてたくらいだから、どの仕事を選ぶか迷ったんだよね。だけど、いや、待てよ、と。自分がどのようにしてドラムを始めたのかを思い出して、ドラムで人生がこんなに華やかになるんだったら、お金を心配して仕事を選んでる場合じゃないと思ったのよ。明日死んでも絶対後悔しない選択を今日からしていこうと決めたんだよね」

2001年、バークリー音楽大学を卒業した中村は、そのままボストンを拠点にフリーランスのドラマーとして本格的なプロ活動を始めた。生きていくためには仕事を得なければならない。外国人であり、さらに体格差の影響が出やすいドラム演奏で、日本人の中でも小柄な中村は、圧倒的不利な条件下にいた。

「俺はブラックミュージックをやりたかった。そしたら、たとえばライバルは身長190センチ、体重100キロとかの黒人ドラマーたちで、俺は身長166センチ、体重55キロ。彼らと同じボリュームと音の厚さでたたかないといけないわけよ。楽器ってフィジカルがすごく重要だから、何も考えずに彼らと同じようなたたき方をしても同じ音になるわけがなくて。でも食っていかないといけないし。どうしたらいいか19歳の時からかなり考えたよ」

中村は、音楽や曲への理解度を人よりも深めることや、シンガーがより歌いやすい演奏をすることを心掛けた。もちろん、仕事の時間に遅刻しないなどのマナーを守ることは大前提である。

体格の大きいドラマーに負けないように、太いドラムスティックを使ったり、ドラムセットの置き方を工夫したりした。黒人ドラマーを模倣して力いっぱいキックペダルを踏んでいると、しばらくして足を疲労骨折してしまった。そのやり方では、長期にわたっては続けられないと悟り、自分の体をどう動かせば無理なく演奏できるか研究した。時には、古武術の本を読んでその動きが取り入れられないか模索もした。

そういった努力の甲斐あって、ライブハウスでの演奏や、バンドのサポートドラマーとしての仕事を数多く得るようになるのである。著名なギタリストであるデヴィッド・フュージンスキーとの共演も果たした。米国から中国へライブツアーに行くバンドに同行したのをきっかけに、2004年から翌年にかけて上海を拠点に演奏活動をした。それから米国の西海岸の音楽にも触れたいとロサンゼルスに移り住み、その後、米国東部へまた戻りニューヨークを活動拠点にした。

どの地でも中村が活躍できたのは、ドラム演奏の高い技術を身に付けていたことに加えて、そこに住む人々や社会に対して強い興味を持つ彼の性格によるところが大きかった。ジャムセッションのあるライブハウスに行ってミュージシャンらと会話を楽しむといった、街に出て人と会うことが仕事につながった。

ところが、中村は試練に見舞われることになる。ニューヨークに住んでいた27歳の時、自宅で突然倒れた。病院で、脳腫瘍の診断が下った。腫瘍は良性だが小脳の血管に付着しており、何かのはずみで血管を傷つける恐れがあるという。翌日にも手術をした方がいいと医師に告げられた。

沖縄の両親に連絡し、病院への二人の到着を待って中村は手術に臨むことにした。バンドのサポートドラマーとして参加が決まっていたロシアへの公演ツアーなどの仕事も全てキャンセルせざるを得なかった。

音楽を続けられるかどうかでなく、命に関わる窮地に、中村は突然立たされたのだ。だが、手術の日の朝、自分の死の可能性にも触れた手術の同意書に目を通した彼の心に湧き上がってきたのは、絶望感などではなく、ドラマーとしての自身に対する満足感だった。

「そこで人生が終わっても後悔は全くなかった。自分の人生を生きたってはっきり誇りに思えた」

明日死んでも後悔しない選択をすると決めて、それに沿った行動をし続けたことが、中村にそう思わせていた。ただ唯一、沖縄から駆け付け、それまで見せたことのない表情で心配する父と、気丈にふるまう母を思った時だけは、病気になって申し訳ない気持ちになった。

「手術で得た大きな経験は、自分が生きるということは、自分だけのためではないんだなと感じたこと。少なくとも親より先に死ぬことはやめようと、その時、決めたね」

中村は手術から無事、生還した。手術室から出てきて目を開けた時、「あ、死なんかったやっさー」と思ったという。

運命は彼に、音楽活動をまだやり続けるよう語りかけているようだった。

一方、手術による体への影響は大きかった。手術前まで中村が主に演奏し、好んで聴いていたのは、音数が多く激しいファンクやR&Bなどだった。それらの音楽が手術後､全く聞けなくなってしまったのである。頭痛がして大きな音を聞くことができず、ドラムの音さえも体が受け付けなかった。さらに頭から首までメスを入れたことで右腕が自由に動かせなくなっていた。右腕の感覚があまりなく、食事を長い間ずっと左手で取った。

しかし、そんな時でも、中村が絶望することは決してなかった。演奏者として致命的な現実を目の前にしても、ドラムをやめようとは全く思わなかったという。腕が振れずにいると、指だけでスティックを扱って演奏する技術の練習を始めた。

それでも原因不明のひどい頭痛は続き、どのような薬を飲んでも収まらなかったことから、中村は米国から沖縄へ帰郷し、県内の病院で再び頭部に手術を受けた。すると、米国の病院での手術の始末がずさんで人工の脳膜に穴が開いていたことが判明したのである。適切な処置が施され、それから徐々に体調は回復していった。

結局、病気になる前と変わらない状態で音楽を楽しめるようになるまで、8年ほどかかった。だが、その間、音をうるさく感じなかったジャズを演奏する機会が増えていった。沖縄でジャズバンドの「Element of the moment」を結成したのもその頃である。

そして、病気になる以前より、作曲するスピードが格段に上がった。

大手術をしたことで体質が変わったという人がいるが、そういう類のものかもしれない、と中村は考えている。そして、作曲する時、格好よく見せようとしていた意識が薄まり、頭で考えるよりも、自分の心に耳を澄まし、それを書くようになったとも話した。ドラムと出会った後の人生はとにかく楽しくて、おもちゃを与えられた子犬のようにとにかく走り回っていたという。だが病気になったことで立ち止まり、たくさんの本を読んだりして、生き方そのものに目が向くようになった。「人生に余白ができた」と彼は言う。そうなったことで、自分にも他人にも厳しかった彼の性格は、さまざまなことを受け入れられるように変化したのだった。

体調を回復させながらも、中村は2009年、拠点を沖縄から東京に移した。そこで、サポートドラマー以外にも、ミュージックディレクターやプロデューサー、アレンジャーも担った。中村の共演の経歴に目を向けると、上原ひろみや三浦大知、ナオト・インティライミ、ハナレグミなど多彩なミュージシャンやバンドが名を連ねる。

病と療養を経て、中村は再び音楽活動に精力的に取り組むようになった。


重要なのは、自分がその音を選んだということ

20代の頃の中村は、問答無用で自分の最高の演奏をするべきだと考えていたという。

「その頃を振り返ると、技術にしても経験にしても足りないものがまだたくさんあった。だからそうやって

演奏すると、やっぱりその〝瞬間〟に感じるものを無視している時がたくさんあったんだよね」

米国では、これが自分だ、という最高のパフォーマンスをしなければ、フリーランスのミュージシャンとして生きていくのは難しかった。それもあって、自分の理想とする究極の演奏を彼が常に意識せざるを得なかったのかもしれない。共演するミュージシャンたちから感じられたのも、個々が自分の意志に基づいて演奏する〝自律〟した姿だった。自分の行動の決定を他の者に支配されない精神的に独立した姿である。そのような者たちとの演奏は、中村にとって極めて刺激的だった。

「たとえば5人で演奏した時に、単なる5人の音が合わさった演奏じゃないんだよね。もう何億倍もの豊かな音に変わったと思えるような、想像できない世界がそこにあるのよ」

中村が、アンサンブル（合奏）をする上で最も重視することとして、奏者それぞれの〝自律〟を挙げるのはそういった実体験があるからだ。

「〝自分がなぜここにいるのか〟と考えることが自律につながる。すごく哲学っぽくなるけど、ここにあなたがいることを〝あなたが選択した〟ってことが一番重要だって思ったの。だから、譜面に書かれていることを寸分の狂いもなく再現しましたという選択でもいいと思うのよ。重要なことは、あなたがそれを選んで、あなたの心がそれを喜んでいることなの。それをあなた自身にやってあげなさいと思うわけ。そこに目を向けるのが、アンサンブルの第一歩じゃないかと思う」

一方、個々の演奏が組み合わさった時の爆発するような感覚が、日本ではなかなか抱けなかった。国民性の違いも大きいはずである。だが、海外でずっと活動してきた中村にとっては、満たされない部分も正直あった。

その心情を、バークリー音楽大学時代の師匠で、イベント出演のため来日したケンウッド・デナードに打ち明けた。「演奏中、みんなそれぞれ電話ボックスの中にいるようで寂しいんだ」。こう話す中村に対し、師匠は言った。

「アキラ、君はみんなの演奏を聴いているのかもしれないけど、みんながどんなつもりで、今日、ここに立っているのかまで聴こうとしているか？　ドラマーの役割は、その人たちの音だけでなく、気持ちにまで耳を澄ませることだよ」

中村は言う。

「言われた通りにやったら、単純に自分が優しくなれたわけ。まず相手の話をとても聞くようになった。その人が選んでいる言葉から、どんなつもりで話しているのか考えて、その人の立場に立って聞くようになった。そうすると面白いことに、みんながこっちの話もどんどん聞くようになるわけ。ステージの上でも、みんながちょっとずつ、こっちの言うことを聞いてくれるようになるのが分かってきた」

自分の理想の演奏をしなければならないと思っていた頃、ふと、自分は一人でドラムをたたきたいのか？と考えたことがあった。そうであるなら無人島にドラムセットだけを持っていって生きればいい。そう想像すると、「違う。俺は人と演奏したいんだ」と気づいた。中村は〝こうあるべきだ〟という考えから柔軟になった。人とのつながりを感じながら合奏する楽しみをより味わえるようになった。

「昔は、考え抜いて演奏の場に来ているから、ある一つの演奏のパターンを変えてくれって言われたらすごく怒ったりしていた。でも、もう何を言われてもよくなった。俺の目的は、あなたたちと音楽をクリエイトすることだから。みんな愛せる。それに俺は、自分の最高の演奏を体現できるという自信が出たとたん、それをやらなくてもよくなったわけ。いつでもできるから。それは目から鱗だったね」

それでも、奏者同士の音が化学反応を起こし宇宙を感じさせるような演奏を目指すことを中村がやめたわけではなかった。一緒に演奏する相手を思いやりながら、そんな夢のような合奏をすることを彼は追い求め続けている。そしてその思いは、ますます大きくなっている。

２０１５年、中村は、欧州の音楽に触れたいとドイツ・ベルリンに移り住み、音楽活動を始めた。ベルリンでの4年間の滞在で、合奏の圧倒的魅力を実感したのが、ベルリン・フィルハーモニー管弦楽団の演奏を見た時だった。

50人や80人規模の楽団の奏者たちが、それぞれの全力の演奏を思うがままにしているように中村には映った。だが、ひとまとまりの音楽になると、それらは今まで聴いたことのないほどの豊潤なものになっていた。ベルリン・フィルの演奏は彼の価値観を一気に広げた。

「予定が空いている時はほぼ毎週、見に行っていた。どれもすごいんだけど、指揮者と奏者の関係性で、となんでもなくすごい時があるわけ。恋人と見ていて、帰りに感想を言おうとするけど、涙が止まらなくなるから喋れない。なんで泣いているのか、目の前のものがこんなに美しく見えるのか、ホントに分からない」

中村はよく、音楽のジャンルに関係なく、音楽に向き合う自身の姿勢や態度を「ジャズだ」と表現する。

「その意味は、その瞬間にいるかどうかってこと。自分にとっては即興も、決められた演奏も違いはなく、重要なのは、自分がその音を選んでいるかどうかということ」

ベルリン・フィルの個々の奏者の演奏について、彼は「アティテュード（姿勢）で言うと、あれはもうジャズ」と言った。

生きていることが100点満点

中村は2019年にドイツから帰国し、その後、沖縄で音楽活動をしている。2023年はコロナ禍も落ち着き、中村はさらに精力的に活動した。彼のSNSやホームページには、県内や東京、海外での活動の様子が記されている。音楽事業のディレクターとしては、南城市の「Jazz in Nanjo」や、那覇市の「なはーとジャズマンスコンサート」などに携わり大盛況を収めていた。

8月に「akira.drums」（アキラ・ドット・ドラムス）の名で、デビューアルバム『we have only one season』を発表していたことが私の目を引いた。

彼にどのような変化が起こっているのか。2024年の年明け、私は中村から再び話を聞くため会いにいった。浦添市内のスターバックスに現れた彼は、以前と変わらない自然体な雰囲気ながら、その中に微かな緊張感のようなものも感じさせた。

アルバム制作までのことを、彼は一つ一つ話した。東京の高島屋へ、ある画家の個展を見にいった時、その画家から「お金を稼ぎなさい」と中村は言われた。アーティストは単に自分の作品を制作すればいいのではなく、社会とつながるべきだ、という考えに基づく発言だった。それまでの中村にとって、プロのドラマーとしての仕事は、演奏の依頼を受けたら、期待をはるかに上回る質の演奏をして応えることであり、自身の創作は自分の好きなようにやって、誰かが楽しんでくれればいいという位置づけだった。

その後、ベルリンに住んでいた頃に出会い友人になった音楽家と東京でライブをした時には、彼女から「高い演奏能力があるのに、もっと沖縄から出て活動すべきだ」と言われた。

そして中村の心を最も揺さぶったのは、ニューヨークで活動するキーボード奏者のＢＩＧＹＵＫＩ（ビッグユキ）との再会だった。バークリー音楽大学を卒業した頃に米国で知り合った友人だ。東京と沖縄で15年以上ぶりに本格的にライブで共演し、ビッグユキの音楽の世界観の広がりを感じ取った時に、中村は自身の音楽活動を見つめ直すことになる。演奏の場で日頃、楽しめてはいたものの、さらに音楽を追求したい強い欲求が湧いてきていた。もっと自分を高め、さらにいい音楽を生み出し、社会にもよりつながっていきたいという思いだ。

「音楽ってこんなもんじゃない。アンサンブルって、もっととんでもないっていうことを、あらためて考えちゃった」

それらの出来事が中村に「自分の曲を創作して発表しお金を稼ごう」という気にさせた。

「俺の中に、何で音楽をやっているのか、ドラムをたたくのかが、すごくはっきりあるんだなってことをあらためて認識した。俺は沖縄を拠点にやっていこうと決めていたから、制作も一人でやろうと思ったわけ。作曲を一気にやったら1、2週間で終わるし、実際にアルバムを1カ月でつくったから。その時に〝アキラ・ドット・ドラムス〟という名前でやろうと思った。これからは自分の名前を前面に出す。今まで考えていたことと真逆の〝自分が主役〟ということをやっていく」

インターネットで配信したそのアルバムは、意外にもフィンランドやフィリピンでよく聴かれているという。この先5年ぐらいは、作品をどんどん創作し発表していくつもりだと、中村は言った。彼から感じられた微かな緊張感は、日々の創作に臨む時に発せられる気配の名残なのかもしれない。

米国でドラムに出会って夢中になり、プロのドラマーとして奮闘した。死を意識するほどの大病を患いながら克服し、その後も東京、ドイツで音楽活動を展開した。さらに今、アーティストとしての可能性を広げようと、新たな挑戦を始めている。中村のそれまでの歩みを振り返った時、彼に、生きることや働くことについてどう考えているのか、聞きたくなった。後輩への助言を、と促すと、キラキラしたまっすぐなまなざしで答えが返ってきた。

「俺はもう、生きていることが100点満点だと思っている。なんか、働かなきゃいけないとは実は思ってなくて。働くことって社会とつながることじゃん。人間って、欲求とか生きがいがあるから、おのずと社会とつながる。だから本当に何だっていい。俺はたまたま人生を懸けてやりたいことが見つかったから楽だったけど、やりたいことを見つけようと悩まなくていい。そんな社会じゃなくていい。好きなことをして、人に会ったら話を聞いて、自分の話も聞いてもらう。お金がどれくらい必要かなんて、住む国によって全然違うわけだから。欲しいものがあれば、沖縄だったら沖縄の価値観に合わせてお金を貯めるために何をしなきゃいけないか考えればいいだけ。今日生きることをまず大事にすれば、それでいいと思う。もっと自分を甘やかしていい。目標を見つけようと頑張る必要はない。生きているだけでもう、すばらしいんだから」

もっと自分の心に素直になっていい。そうすれば自分の道はおのずとできてくる。中村が言いたいのはそういうことなのだろう。自分の行きたい方向に進み、自分の意志で自分の行動を選ぶ。アンサンブルで奏者たちの音が融合し、爆発するように、社会においても一人一人が自律し、喜びにあふれてそれぞれの活動をすれば、社会全体が生き生きと輝くのかもしれない。

中村の熱い口調から、私はそう思った。

中村亮 回顧録

中村亮さんのことを、ここでは親しみを込めて、亮と呼びたい。亮とは首里高校で同級生だった。特別に仲がよかったわけではないが、1年の時には隣のクラスで、体育のサッカーの時間などに、亮によく接していたことを覚えている。彼はいつも陽気で臆することなく意見を言い、絶えず目をキラキラ輝かせていた。その言動から、ほかの同級生とは違う熱すぎると言っていいほどのまっすぐな情熱を感じた。

だから、高校卒業後、互いに特に接点もなく約10年が経過し、亮がドラマーとして活躍していることを人づてに聞いた時、彼らしい生き方だとすぐに納得がいった。あの頃の僕は、会社での仕事は充実していたが、特に将来の目標はなく、終業後に一人でよく飲み歩いていた。そんな時、たまたま入ったライブバーで演奏する亮と偶然再会した。振り返ってみると、亮が病気の手術を受け沖縄で療養していた時期か、その少し後である。その時も亮は陽気で、キラキラした目は高校時代と何ら変わらなかった。

病気の前のような体の状態に戻るまで8年ほどかかったというが、今回のインタビューでも悲観的な言葉は亮から一切聞かれなかった。本心から前向きな考え方をしているのだと、彼の表情を見て分かった。そのような性格だからこそ、彼が多くの人に受け入れられるのだろうと気づいた。

実は17歳まで、亮は「死ぬのをいつも怖がっていた」という。しかし、ドラムと出会ってから、その感情が急になくなった。「自分のやりたいことを見つけて、行動しているからかもしれない」と言う。

亮は常に〝その瞬間〟を生きている。人が生きる上で、将来設計をしたり、危機に備えたりすることはもちろん必要である。だが、瞬間、瞬間を大事にして生きれば、人生がもっと味わい深く、豊かなものになると亮を見ていると思えるのだ。

僕は、仕事や生き方をテーマに考え続けているが、果たしてどういう形が最も幸せなのか、たくさんの方々をインタビューしてきてもなお、はっきりこれだとは言えない。会社や組織に所属してより安定した収入を得た方がいいのか、収入や環境は不安定でも、自分のやりたいことを自由にできる可能性が広がる方がいいのか。それ以外のさまざまな働き方に対しても、自分にとって何が正解かはまだ分からない。でも亮からじっくり話を聞いて、妙に腑に落ちた瞬間があった。どのような生き方や働き方、仕事であろうが、それをしっかり自分の意志で選ぶことこそが最も重要だと理解したのだ。「自分にとっては即興も、決められた演奏も違いはなく、重要なのは、自分がその音を選んでいるかどうかということ」と言った亮の言葉に対して湧いてきた思いだった。

なぜ僕が会社を辞めたのか、いったい自分はどうしたいのか、今になって、より明確に分かった気がした。僕は自分の道と自分の行動を、自分の意志で選びたい。

友人や、日頃から親しい人をインタビューすることは、仕事と私的な部分が混ざっているようで、肩に変な力が入ったりして僕はあまり好きではない。だが、亮をインタビューして間違いなく良かったと思えた。

自分の体を動かして、感受することを大事にしている

インタビュー
#12

映像作家・美術家
東京藝術大学先端芸術表現科准教授

山城《やましろ》 知佳子《ちかこ》 さん

山城知佳子は、苦しんでいた。

それまで、自分の中で自然と湧き上がっていた創作のイメージが、全くそうでなくなっていたのだ。沖縄の歴史や、大国に翻弄されてきた地政学的状況、そして自身も含め沖縄に住む人々と向き合い、伝える映像作家・美術家として、今や国内外から高く評価されている山城だが、その頃は未来が全く見えなくなっていた。

沖縄県立芸術大学大学院生だった頃、イギリスへの交換留学の機会に、アイルランドのアラン諸島を訪れ、石積みの古代遺跡を目にし､沖縄の祭祀の場である〝御嶽《うたき》〟との共通性を感じた。沖縄に戻ると､沖縄の人々の精神性がよく表れた墓に強い興味を抱くようになり、特有の広い墓庭を走ったり、テニスウエアにサンバイザー、高いヒールのサンダル姿で激しく踊ったりして、ビデオや写真による芸術作品をつくるようになった。その「墓庭」シリーズの制作は大学院修了後も続いていた。そしてその間、2001年に米国同時多発テロが起こり、その影響で沖縄への観光客が激減し、回復のため〝青い海や空〟の沖縄イメージばかりが宣伝され消費されていたことに大きな疑問を感じ、沖縄の実像を伝えようと、映像作品である『オキナワTOURIST』の3部連作をつくり発表した。山城が国会議事堂前で沖縄の墓が写った大きな写真を掲げて立ちステレオタイプ的な沖縄のイメージを大声で皮肉り、在沖米軍基地のフェンス前では延々とアイスクリームを食べ、基地の押し付けで〝旨み〟である対価によって人々を懐柔する様子を表現した作品である。これらは、山城の初期の代表作となった。

一つの作品と向き合い、制作過程で次の作品のイメージが湧き、それをまた形にするという創作スタイルを取ってきた山城にとって、シリーズの作品とは、最初から一連のものをつくるつもりで臨むのではなく、出来上がって過去の作品も含めて振り返った時、シリーズとして成り立つものだった。次の作品のイメージが湧かなくなって初めて、「墓庭」などのシリーズが完結したと気づいたのである。

幼い頃から絵を描くのが好きで、小学生の頃、学校の夏休みの宿題で、城下町である那覇市首里金城町の石畳道の風景を題材にして、敷き詰められた石を一つ一つ丹念に描き、1カ月かけて完成させた。作品は小学生のコンクールで賞に選ばれたが、受賞の喜びよりも「自分を通して世界を再構築した」という喜びの方が大きかったという。

芸術家を志し、高校は沖縄で唯一、芸術科のある県立開邦高校へ進み、卒業後、1年の浪人をへて、沖縄県立芸術大学美術工芸学部へ進学した。その頃から、芸術的感性を磨く独自の訓練もしていた。たとえば、植物の花が笑ったり、自分の腕が長く伸びて指先で天井の角の空気の動きを感じたりしたと思えれば、想像ではなく、実際に起きた体験として捉えるように努めた。それほど、芸術家を目指す山城の気持ちは本気だった。

大学では絵画専攻（油画）だったがインスタレーション（現代美術の表現手法の一つ。作品を展示空間と関連させて構想し、その全体を一つの芸術作品として呈示する）も学び、芸術的な課外活動としてダンス・パフォーマンスグループを結成し、襦袢《じゅばん》姿で踊る「女体体操」をクラブイベントなどで披露していた。沖縄の風土に合った芸術の表現方法を模索していた大学院時代には、イギリス留学でさまざまな芸術に触れ、帰国後は、沖縄の歴史や文化、政治・社会問題などをテーマにパフォーマンスをして、それをビデオや写真で表現することに傾倒していった。大学院修了後は個展を開いたり、県外の公募展で受賞したりして、若手作家の中で山城は注目される存在になってきていた。一方、その頃の彼女は、母校・県立芸大の非常勤講師や養護学校の臨任教師をしながら芸術活動をしていて、芸術家を生業にしているとは言い難い状態だった。

そんな中、創作のイメージが湧かなくなったのである。

「『墓庭』シリーズが10年続いて終わった時です。『オキナワTOURIST』も出して、その時に持っているものを全て出しきってしまっていました。気付けば、すでに30歳を超えていて。30歳前後は青年期の悩みが深いですよね。この先どうしようかと考えた時、アーティストでの稼ぎはないし、沖縄に市場はないし、会社員はできないし、もうイメージも湧いてこない、と精神的に落ち込んでしまいました」

創作に臨んでも、多くは発表できるほどの作品にならず、精神的に打ちのめされ、家から出られなくなるほど山城は苦しんだ。10代から芸術家になることだけを目指してきたが、諦めかけるところまで追い込まれていた。

そんな時、ケーブルテレビで、ある映画監督の作品の特集を見た。1970年代から2000年代にかけて活躍し、ベネチア国際映画祭やカンヌ国際映画祭で多数の受賞歴のあるギリシャ人監督、テオ・アンゲロプロスの作品だった。それらが、崩れそうな山城の心に深く染みわたった。

「セリフがあまりないけれど、画力《えぢから》がすごかったんです。まず、圧倒的に画が美しい。そして、登場人物や風景について映像詩として抽象度が高い。偶然テレビで見た『アレクサンダー大王』の映画は、ギリシャの近代史における独裁下時代が描かれていました。後に文献を読むと、沖縄と歴史が重なることを知りましたが、映画を見た時にはその前知識はなかった。それなのに、その映画の、目が離せなくなるほどの表現に深く感動したんですね。〝ここには何かある〟ということが伝わってきて引き込まれていった。人間の本質的な〝生〟を深く捉え、風景や人物を絵画のように描写することを通して、生を圧倒的な存在として伝えてくる映画に打ち震えました。枯れ果てていた心にみるみるエネルギーが蘇ってきて〝感動するということは人を生かす力があるんだ〟ということを実感する経験でした」

芸術が持つ圧倒的な力を、山城はあらためて感じていた。

「私はアーティストになれないかもしれない。けれど、アーティストになれる、なれないは問題じゃない。芸術はもう目の前に存在して、人々を救っている。芸術の力を身を持って体感して、なんて素晴らしいんだろうと思えた。それでもう一度、芸術を志そうと思えたんです」

迷いは、完全に消えていた。だが、感動して創作意欲が再び高まったからといって、作品を生み出す力がいきなり飛躍的に向上するわけではない。山城はやり方を何か変える必要があった。2007年の沖縄県立博物館・美術館の開館に合わせた記念展と、その翌年に、東京国立近代美術館で開催され、沖縄をテーマにした作家らの作品を展示する「沖縄・プリズム1872―2008」への出品がすでに決まっていた。それらの展覧会に対し山城は、「絶対に良い作品を出さないと、もう、アーティストにはなれない」との覚悟を持って臨んだ。自分のイメージを、より高いレベルで表現するために助けてくれる者を映像業界から探し、その時に出会ったのが、沖縄出身者で、県外の映画製作会社に勤めた後、フリーの助監督の活動をへて沖縄に戻ってきていた砂川敦志だった。砂川と、もう一人の映像技術者との3人体制で初めて創作に挑んだ。

そして2008年、連作写真とビデオからなる『アーサ女』が生まれた。

写真で、海藻のアーサ（アオサ）の髭を生やした山城ふんする女が水面を漂い、ビデオでは、息遣いの音が聞こえる中、アーサ女の視線と思われる映像で進み、海中へ潜ったり、波間から陸地を見つめたりする様子が映し出される。終盤に海上保安庁の職員が乗ったボートが目の前に現れる場面は、日米両政府が米軍普天間飛行場の移設先とし、激しい反対行動が起きていた名護市辺野古の海に山城たちが行って撮影した際に実際に起きた映像で、一気に緊迫感が高まる。基地建設によって豊かな自然が破壊されることへの問題提起や、沖縄の人々にもたらされている苦悩が感じ取れる作品となった。

3人体制で臨んだ効果は大きかった。

「撮影技術の向上によって画のクオリティーが上がり、イメージを具現化するだけでなく、より深みのある世界観をつくることができました。『アーサ女』は、埋め立て予定地の海を5カ所は回って、時には激しい波間にも浮いて撮影したわけですが、当時、お金がなく、防水の撮影機材を調達するのが難しかった。それで、砂川やスタッフの経験と知恵を集めて水槽にカメラを入れて手作りの防水カメラを作りました。ほかにも、3人体制なので、台風直後の荒波へ出られたり、海上保安庁に囲まれて緊張が高まる場面でもアーサ女の視点になり切って撮り続けられたりしたんです。不可能が可能になる撮影でした」

山城の全国デビューともいえる東京国立近代美術館での「沖縄・プリズム――」で『アーサ女』は高い評価を受けた。正真正銘の芸術家になる道を、山城は切り開いた。その後、展覧会などへの出品の誘いが山城に徐々に掛かるようになる中で「中途半端なものは絶対に出さない」と決め、就いていた仕事を辞めるなどして一回一回の創作に全力を注いだ。そうしたことが、国内外から高く評価される作品が生まれることにつながっていった。

「次のステージに行けた最初の作品でした」

『アーサ女』で、芸術家人生の歯車が回り始めた頃のことを、現在、東京藝術大学先端芸術表現科准教授を務める山城は、つい先日のことを話すように、穏やかな表情で振り返った。

頭でつくらない。計画に縛られず、偶発性を見過ごさない

インタビュー中、芸術家として山城が発展した理由は何なのかを、ずっと考えていた。すると、多くの沖縄人が持つ人懐っこさや、率直さを感じさせる彼女の中に、駆け出しの頃から変わらない固い信念があることに気づいた。

墓庭で走り激しく踊るなどした「墓庭」シリーズは、発表当初、死者や神聖な場所をけがす行為だと批判も受けた。だが、20歳で兄を亡くし、死について深く考えていた山城にとって、墓庭は、清明祭で親戚同士が集い、先祖を迎えてご馳走を食べることなどに表れるように、沖縄の人々の豊かな死生観が感じられる場所であり、その精神の素晴らしさを彼女はもっと前面に出したかった。

「自分の中にリアリティーがあれば、筋が通っていて信じられるものがあれば、どんなに批判されてもきちんと説明して伝えていける自信があったんです」

全ての作品で山城は、その信念を持って創作に臨んでいた。

創作で心掛けてきたことについて、山城はこうも話した。

「自分の体を動かしてその場所に行き、人に会って話を聞き、感受することをまず大事にしています。もちろん、いろんな文献を読んだり、人の意見も聞いたりして影響も受けますが、それらは最小限に参考程度に受け止めるようにして、作品の主軸は自分自身の体で感じたことに戻る。全身の感覚を開いて体で考えている感じです。事前の計画や構成は条件や環境によって、その都度、変更するし、自分が何を捉えようとしているのか全体像を把握しようともするんですが、最終的には、自分の感覚の中に到来するイメージに確信を持てればそれを信じる、ということを大事にしてきました」

２００８年、山城は沖縄タイムス社から、沖縄の慰霊の日に合わせて、沖縄戦を知らない若い世代が戦争の記憶をどう継承するかをテーマに写真とエッセイの寄稿を依頼された。デイケアセンターの協力を得て、昔を思い出し語ってもらう「回想法」というグループワークを通して高齢者たちから戦争体験を聞いた。その際、一人の男性が、幼い頃にサイパンでの戦争で、米軍に追い詰められ母や姉が断崖から身を投げるのを目前で見た体験を語った。体を震わせ、鼻水や涙を垂れ流しながら男性が話した内容に対し、山城が抱いたのは〝分からない〟という率直な感想だった。自分の体験のようには共感できない罪悪感に襲われながら作品制作を乗り切ったが、その後も心に残り続けていた負い目のような気持ちを、山城はそのままにしなかった。1年後にとことん向き合った。

男性の証言を書き起こし、話している映像に字幕を入れ、山城自身が話すということを繰り返した。10回ほど重ねた頃に一度だけ、男性の体験が脳裏に浮かび、山城の頬に涙がこぼれた。その時の彼女の映像が、戦争体験を継承する難しさや、膨大な数の証言が伝えられずに眠ること、それでも継承できる可能性と希望があることを感じさせる、山城の独自性の強いビデオ作品『あなたの声は私の喉を通った』になった。

「自分を信じてないところもあります。自分は小さく、世界は広いので、私が頭で計画した想定内のものは基本、つまらないと思っています。だから、自分の思いついたアイディアは正しいのか問う方が多いですね」

日頃の創作過程について、山城がこう言った時、ずいぶん控えめな発言だと感じた。だが、今に至った経緯や、言葉の一つ一つにじっくり耳を傾けていると、山城のその姿勢こそが、彼女らしい作品を生み出し、発展していけているゆえんだと思えた。

２０１０年に発表した『沈む声、紅い息』は、前作の『あなたの声は―』で、男性の戦争体験を山城が自分の口で発しているうちに、男性の声が山城の体内に入った気になり、やがてたくさんのマイクの束のイメージが浮かび、制作に向かったという。

「〝あ、これは撮らなきゃいけないんだな〟と、マイクの花束を撮影するところから始まりました。撮影を通してイメージを現実の世界に置き換え、具現化する工程は、肉体労働が伴い大変だけど、実際に体を使って感じることで、イメージが次のイメージへと動き出すんです。この作品では、ダイビングの免許を取って、マイクの花束の小道具を作って海に沈め、自分で潜って撮りました。光のようなイメージを具現化すると、マイクは〝声〟だから、声の主がいるはずで、次に撮るべきはおじいちゃんかおばあちゃんだな、と次のイメージが湧いてきた。でも都合よく出会えるはずがなく、どうしよう、と考えながら歩いていると、突然コンビニ前でおばあさんが現れて話しかけられ、翌日にはその方を撮影していました。そんなことが起こったりして、不思議と、イメージと現実が交差して向こうからやって来てくれます」

『沈む声――』の冒頭に出てくる年配の女性は、山城が偶然出会った人物だった。それ以降の作品でも山城は〝偶然の出会い〟を重視した。

「頭でつくらない。もちろん、こういう方向の作品にしていこうと計画は立ててるんです。ただ、それに縛られないのが大事で、現場に行ったら準備の通り進めつつも、目の前に現れてきた風景とか光景とか、人物の動きとか、そういうものの偶発性を見過ごさない。それで計画と合わないものが出てきても、向き合ってコラボレーションする感じで変更する。だから撮影計画自体も変えたり、新たに現れた人のためにシーンを加えたりというふうに、物語を（偶発性に）委ねるんです。制作において、ある面ではリスキーですけれど、自分自身でもこの物語はどこに行くのだろうとリスクを楽しみながら、物語の結末をワクワクしながら探る」

２０１６年に『土の人』の撮影を始めた時も、物語の最後をクラッピング（手拍子による音楽）で終えることは決めていたが、全体のストーリーもまだ見えていなかった。だが、伊江島でユリが満開だと知ると〝今だ〟と感じ、県立芸大の打楽器の先生へ作曲を依頼してエキストラを集め、急きょ撮影に向かった。その時に撮れたのが、花々が一面咲き乱れたユリ畑の土から、人々の無数の手が天に向かって伸び拍手する圧巻の場面だった。それが『土の人』を象徴するものとなった。

この作品の制作で山城は伊江島のほかに名護市辺野古と、山城自身、初の海外撮影となる韓国・済州島へ行った。同島の住民も基地建設問題を抱えてきた人々である。作品に山城は、苦難の歴史を何度も乗り越えてきた沖縄の人々の生きる姿勢から感じられる思いを込めた。

「〝諦めない作法〟は沖縄で生きる人々が身に付けてきた世界に誇れる知恵だと思うんですよ。あとユーモアも生き延びる作法として身につけてきた大事な思想だと感じます。戦後すぐに笑いの力が人々の心を救った。収容所で（小那覇）舞天さんが〝命のお祝いをしましょう〟と言って、人々の笑顔を取り戻し、生き延びたことを祝う演芸をやり切った。苦しいと考えたら折れてしまうが、〝まあまあまあ〟と、距離をはかって、諦めようとしない。そうして一歩一歩、進める。しなやかに折れないというその所作は、過酷な島だからこそ身に付けてきた強さなのだと思います。誇りを持って、そのような人々の生きる姿勢を伝えたいと制作したのが『土の人』です」

同作品に対する国内外からの反響は大きかった。２０１７年に、一般社団法人アート東京が期待の若手芸術家に贈る「アジアン・アート・アワード２０１７」で同作品は初代大賞に選ばれ、翌年、ドイツのオーバーハウゼン国際短編映画祭ではゾンタ賞を受賞した。映画祭の公式ポスターに使われたのは、満開のユリ畑で人々の手が天に伸びる『土の人』のあのシーンだった。

「『土の人』は沖縄と済州島を繋ぐ作品でしたが、完成した作品は抽象的な描写と音響で成り立ち、読み手がいかようにも解釈が可能な作品となりました。そのため遠く海外においても『土の人』を見た鑑賞者で、たとえ沖縄の文脈を知らない方々でも、自分たちの国の歴史や現状と結び付けて読み解き、共鳴するということが起こったんです。ナショナリズムや、人と人が争い合うこと、国家の暴力によって起こる分断。そういった問題が存在する状況下でも人と人とが連帯して声を上げ、生を尊み、越境してつながる姿を、作品から読み取ってもらえました。そのような〝伝える力〟を表現として持てたのが、この『土の人』という作品なのだと思います」

作品の鑑賞者から、ユリが、ギリシャ神話で死者の世界に咲く花とされ、また、花言葉としては「復活」の意味があると聞かされた。人間のどのような権力であっても、自然の持つ根源的な力を封じることはできないと感じたとする感想も寄せられた。作品のコンセプトに合致した花だと作品をつくり終えて知った。

「偶然の奇跡のような出会いが撮影中には多く起こり、その結果、全てが必然的であり、導かれて物語が生まれてくるようでした。不思議ですが作品にはそのような力があって、私が作品をつくるのではなく、私は世界と物語を繋ぐ媒介者のような役割だと考えるようになりました」

『土の人』は山城の人生を大きく変えた。同作品を発表した後、山城は国内だけでなく国外でも個展や展覧会への出品の機会が増え、2019年には東京藝大の准教授に就任した。

目の前の出来事を、僻地で起きている小さなことと思わない

2023年3月下旬、山城の姿は、香川県の丸亀市猪熊弦一郎現代美術館にあった。西日本地域では自身初めての大規模個展「山城知佳子ベラウの花」が同館で約2カ月半開催され、開幕前日には記者会見が開かれた。

「緊張するけど、嬉しさとともに、どういうふうに受け取られるか期待しています」

落ち着いた様子で山城は話した。キュレーターと話し合った結果、沖縄をテーマにしているという面に特に焦点が当てられ紹介されることの多い山城作品だが、そのような特徴だけには収まらない山城作品の幅広い魅力をより感じてもらうため、今回の個展では、沖縄という面を先に強調しすぎず、観覧者が最初から作品に没頭できる構成にしたと山城は説明した。会場の建物の造り上、それぞれの映像作品の音が重なる課題があったが、それを逆に生かし「塊としても読めるサウンドになった」と言い、「サウンドが持つ力が次のステージへと進めてくれた」と自信をのぞかせた。

展示を見て回り、あらためて感じたのは、山城作品を読み解くのは簡単ではないということだった。何度見ても、場面ごとの意味を考え続けてしまっていた。そして、心に迫ってくる何かが確実にあった。それが何なのか、知りたいと思っていると、インタビューでの山城の発言の中に、答えを見つけた気がした。

「作品に込めるメッセージは制作中、できるだけ言語化しないように追求します。言語化しようとしてもできないことを追いかけていく。たとえば、言葉で表現するにはまだ難しい何かとか、記憶の漂いや、感情とか。形になっていないものだけど、何かしらであると確信が持てるものを、追いかけていきます。作品を発表した時点や、完成から結構時間がたってから自分が追いかけていたものが何だったのかを知ることが多いですね。今日も会場を一周回って作品の並びを見て〝人の一生を見ているようだ〟と展覧会全体が一つのうごめきのように感じたりしました。作品が並んだ時に初めて立ち現れてくるものもあって、面白いですよね」

山城作品を見て、心に何か迫ってくるのを感じている時、それは見る側が、言葉で理解する以上の多くのものを感じ取っている瞬間なのかもしれない。故郷の沖縄を拠点に活動を続けながら、国内外の人々の心に響く仕事ができている秘訣を尋ねると、こう答えが返ってきた。

「目の前の現状、出来事を、日本の僻地で起こっている小さなことだと自分から思わないようにするのが大事だな、と思っていて、自分が取り組んでいる事柄は、すでにグローバルなことなんだ、これが世界なんだという感覚を大事にしています」

香川での個展で山城は、個展名と表題が同じ新作『ベラウの花』を発表した。太平洋戦争中の幼少期にパラオで戦争に遭った父・達雄の体験を題材にしており、制作時に87歳の父が作品に出てくる。２０２２年末に山城がパラオまで撮影に行きつくった作品だ。その前年には、作家人生の中期にいる山城のそれまでの総まとめ展ともいえる個展「山城知佳子リフレーミング」を東京都写真美術館で開催し、自身の集大成的な作品『リフレーミング』を発表した。なぜ今、父を題材にしているのかについて、シリーズを終えた時などの大きな節目に、自分個人の話や、家族の記憶に意識が向くと言い、父についてこう話した。

「高齢になって、ある人の人生が終わりを迎えようとしている。その人たちというのは戦争で受けた傷を抱えている世代。しかも戦時中は幼い子どもだったので、傷の記憶を言語化できなかった人たちですよね。言葉にならないまま傷を抱え続けていること自体、苦しいはずです。言葉にならない記憶は残らない。けれど実際には今も心の深い所に重く、確かにある。アートでできることの一つに、そういった目には見えない傷を視覚化する、という可能性はあると考えています。一番身近な父が幼い頃に抱えた感情は、今の父とどうやって対話をしているのかなと、考えることもあります。戦争体験者をお見送りする時期に来ているから、今やらないと」

映像作品『ベラウの花』は、小説家の父自身が書いた短編小説『ベラウの花』を山城がアート作品として追いかけ辿りながら制作した。山城は自身のこの作品で、将来的には、ある一人の人物の個人史を描くような劇映画をつくる目標があると話した。彼女を次の創作へとこれまで導いてきた、イメージが湧く感覚は今もあるのか尋ねると、ふと、気づいた表情を浮かべた。

「以前のようには湧かなくなってきました。でもいい意味だと思いますよ。それまではイメージに追われる感じでしたが、今回のパラオに関しての制作の在り方は、全て、未知。これから知ってゆくための出発としての作品だったので。新しいつくり方に移行するんじゃないでしょうか」

ここ5年ほどで、山城を取り巻く環境は大きく変わった。東京藝大の准教授に就き、仕事でもパートナーである夫の砂川敦志との間に息子が生まれた。沖縄から出る時間が長くなり、さまざまな人と接する中で、ジェンダーの問題やフェミニズムなど、考えるべきテーマが増えたという。さらに、子どもの将来についても考えるようになったことで、思いを馳せる時間軸が過去から未来へ長く伸びた。自分の足で動き回り、感受したことを芸術で表現する山城の新たな世界が見られる予感がした。

芸術で表現する意義は何なのか、山城に聞いた。

「アートには、世の中の一般的な常識や概念を壊して新たな見方や切り口を提示する〝リフレーミング〟としての役割が一つあると思います。たとえば、今の社会情勢や政治の影響を受けて社会全体が不穏な方向に進んでしまっていても簡単には変えられない。新たな戦争の気配を感じても、気候変動を前にしても、すぐには自分の行動を変えたり、世の中の大きな流れを止めたりすることは難しい。そのような時、思考停止になったり、惰性的に流されたりしないように、いつも見ている社会を違う切り口で描いた作品が、1人でもいいので人々の心に届けば、その人をハッと立ち止まらせ、小さな行動の変化を促すことはできるかもしれない。内面が変化すると世界の見え方が変わる。作品の影響力が大きければ大きいほど大衆の内面が変わり、行動が少し変わるかもしれない。そのきっかけとなるようなものとして、アートは社会や人々に貢献してると思うんですよ。具体的に政治に関わるわけじゃないので、そこに懸けるしかないという思いですけど。人間の本質的な尊厳に関わってくる仕事なんじゃないか、と考えています」

芸術の力を信じてやまない山城がいた。芸術家になれないかもしれない、ともがいていたどん底から、芸術に救われて這い上がり、たくましく成長を遂げた姿があった。自然体ながら情熱があふれ出ている山城の話を聞きながら、重苦しい空気に包まれた世界を、芸術の力が本当に変えるのではないか、と期待せずにはいられなかった。

山城知佳子 回顧録

東京藝大の准教授をしている山城知佳子さんって、どういう人物なのだろう?

インタビューを思い立った動機は、今思い返せば、失礼ながらものすごく単純だった。〝仕事〟を、単に生活費などのお金を稼ぐためのものではなく、芸術家のように、それをしなければ生きていけないという思いで取り組んでいる形もあると強く感じていた時だったから、山城さんにぜひ、お話をうかがいたいという気持ちが強まった。

山城さんの存在はメディアを通してもちろん知っていたし、作品のイメージもあった。でもなぜか、それまでの僕は山城さんを詳しく知ろうとはしなかった。突然のインタビュー依頼をすぐに承諾していただき、下調べを急いだ。そして山城さんの歩みや作品について詳しく知れば知るほど、重い何かを突き付けられているような気がした。

かなり準備不足のまま、東京での山城さんと鷹野隆大氏の二人展の機会に、僕は初めて山城さんへインタビューした。山城さんは気さくにいろいろ細かく話してくれた。創作に打ち込む山城さんの苦闘と発展の話は、仕事と人生に迷う僕を勇気づけ、なぜもっと早く山城さんの作品を積極的に見て、話を聞きにいかなかったのかと後悔した。そして、あらためて気づいた。僕は、沖縄のことをテーマにしている山城さんの作品から、あえて距離を置こうとしていたのではなかったかということを。

新聞記者時代、僕は4年近く基地問題に関する担当をしていた。2010年から14年のことで、米軍普天間飛行場の返還・移設問題で日米両政府が県民の強い反対を押し切り、名護市辺野古への移設を進めようとしていた時期だった。日本政府による辺野古の海を埋め立てる承認申請を当時の県知事がどう判断するかが大きな焦点となっていた。

日本の米軍専用施設面積の7割が集中している沖縄で、なぜ普天間飛行場の移設先が県内でなければならないのか、他国に対する軍事的な「抑止力」が必要というのならどのような詳細な理由があるのか、在沖米軍の機能や規模の面から論理的で具体的に説明されるべきであるが、さまざまな取材を重ねてもそれが見えない状況から、僕は辺野古に基地を絶対造ってほしくないと思っていた。何より、美しい沖縄の自然を壊してほしくなかった。知事がきっと埋め立てを不承認にするはずだと、期待もしていた。だが、そうはならなかった。僕は心底失望した。基地問題をもう見たくないと思うほどショックを受けた。その後、人事異動になったこともあり、僕は本当に基地問題を遠ざけるようになった。山城さんの存在がより目立つようになったのは、僕がちょうどそのような頃だった。

今回、山城さんから3度、個別に話を聞く機会をいただいた中で、僕は自分を恥じた。沖縄戦体験の継承や、現在も続く基地問題などの重いテーマに、僕とほぼ同年代の山城さんは芸術を通して粘り強くしっかり向き合っていた。山城さんが言った「諦めない作法は沖縄の人々が身に付けてきた誇れる知恵」との言葉が胸に刺さった。それら沖縄の問題や課題に、もう一度しっかり目を向けようと思えるようになった自分がいた。まさに、山城さんの姿勢と〝アートの力〟が僕の心を変えたのだ。現代において仕事や働き方が多様化し、仕事に対する価値観もさまざまある中で、人の心を動かす仕事を僕もしたいと強く思った。

この原稿の書き出しを「山城知佳子は、苦しんでいた」と始めたのは、僕自身へ向けたものでもある。原稿を書きながら僕こそがものすごく励まされていた。「自分の体を動かして、感受することを大事にしている」「目の前の出来事を、僻地で起こっている小さなことと思わない」との言葉は、僕の人生を変える鍵なのかもしれない、と思えた。

自分を信用する。自分の気持ちを大事にする

インタビュー
#13

お笑い芸人・スリムクラブ

内《うち》間《ま》 政《まさ》成《なり》 さん

高齢の両親に猛反対されても彼は意志を変えなかった。上京の日、希望に満ちた表情で手を挙げ、家を出る息子の姿を母親は今も覚えている。後に真栄田賢と東京でお笑いコンビ「スリムクラブ」を結成する、内間政成の25歳の旅立ちだった。

23年前の舞台上で、明らかに彼は、異彩を放っていた。

沖縄のお笑い事務所オリジン・コーポレーションの定期ライブでは、後に東京へ活動の拠点を移す「キャン×キャン」や「しゃもじ」(現「ハンジロウ」)、ピン芸人だった真栄田らが出演し、個性のあるコントや漫才で、笑いを生み出す腕を高め合っていた。

笑いを得ることに飢えた芸人たちのエネルギーが舞台から発せられ、独自のお笑い文化が根付いた県民らしく、観客は大小さまざまな笑いを反応よく弾けさせた。出演者と観客が一体感を作り出していた。

ところが、内間が舞台上で一人、コントを始めると、会場の空気が変わった。フルフェイスのヘルメットを被り浴衣を着た彼は、懸命にセリフを言い、激しく走る動作をした。意図した笑いが理解しづらかったのか、観客からは戸惑いを含んだような遠慮がちな笑いが所々で起こるだけだった。彼は、明らかにスべっていた。

「朝起きたらあの格好で北谷にいて、どうにか家に帰ろうとヒッチハイクをしようとするんだけど、最初に目を付けた車に乗れず、追いかけていろんなアクシデントに遭う内容。事務所では結構ウケてたから、(本番でスベったのは）嘘だろ、と思った」

後になって彼は気づくのだが、事務所でウケたのは、普段から多くのお笑いを見ていた芸人たちが、彼のネタに対して想像力を働かせて見てくれたからであり、さらには、彼の本来の性格や姿を知っていたからであった。客はもちろんそうではない。

挫折してもおかしくない場面。だが、彼の受け止めは、全く違った。

「オリジンに入ってすぐ東京に行きたくなったのよ。ライブでは観客の投票があって、俺はほとんど最下位で、ひねくれていたから〝沖縄の環境が俺に合ってない〟と思って。で、どうせダメだったら、東京で弾けてお笑いをやめたいと」

なぜか彼には、根拠のない自信があった。吉本興業が東京で運営するお笑い芸人養成所のＮＳＣ（吉本総合芸能学院）への入学を志した。彼によると、オリジンでお笑い活動を始め、わずか1年半後に上京の意思を聞いた真栄平房修代表や他の芸人たちは、大いに困惑したという。

「東京進出する人って、ライブで何連続か優勝して、それを土産に東京へ行く人が多かったから、みんな戸惑ったよね。なんでお前が？って。代表も本当に困ったと思う。それで〝沖縄にいたら電車がないから、電車のネタができない〟っておかしな嘘をついて。そしたら、こいつに何言っても無理だなと思ったようで〝分かった、行っておいで〟と」

解き放たれた鳥のように、彼は沖縄を飛び出した。

お笑いにしがみついていたら、何かあるかもしれない

　神奈川県川崎市に住んでいた中学の同級生のアパートに居候させてもらいながら、内間はＮＳＣ東京で学び始めた。教育課程は1年で、発声やネタ見せ、ダンス、感情表現などの講義があり、当時は約８００人の生徒が在籍していたという。彼は同じクラスの関西出身者とコンビを組み、全クラスからの選抜者が出演するライブに出るなど、滑り出しは上々だった。だが、しばらくして笑いの方向性が相方と合わないと感じ、彼はコンビを解散する。以後、自分でネタを書き、別の人と組んでは解散することを繰り返した。

　ＮＳＣの講義もつまらなくなり、大半を出席しなくなっていた。それでも何とか卒業し、その後は自らがまとめ役となって、卒業生らと吉祥寺で2カ月に一度の自主ライブを開いた。だが取り組み開始から間もなく、客は限りなく減っていった。コンビのネタはそこでも全くウケず、吉本が月に一度実施するライブ出演のオーディションにも落ち続けた。自分の中にあったはずの根拠のない自信は、とっくに消え去っていた。

「もう何をやってもうまくいかなかった。ＮＳＣに入ってライブとかに出て、どんどんステップアップするのが普通の売れ方だけど、とにかくネタがウケない。で、俺はオリジンでやってきた自負があったから、頭が固すぎて……コンビは全部、相方のせいにして解散」

　沖縄で感じたことがないほどの挫折感を、彼は東京で味わっていた。

「俺は、沖縄の環境が自分に合ってないと思ったけど、東京でも変わらなかった。だからその時初めて分かった。ああ、沖縄だから、東京だから、いいとかダメとかではなくて、俺ができてなかっただけやっし、って。

現実を見つめていなかった。スベったのもスベってないと思い込もうとしていた。それはダメなことなのよ。認めないと偽物になるし、嘘だし。だからやっぱり、本来の自分を認めないと次には行けない」

かろうじて活動を続けられたのは「お笑いにしがみついていたら何かあるかも」という微かな妙な気持ちと、NSC時代の講師で尊敬するダウンタウンファミリーの木村祐一から「視点がいいね」と褒められたことがあったからだ。

沖縄にいた真栄田賢から上京の相談があったのは、まさにそんな時だった。生まれが内間より3カ月早い真栄田とは、琉球大学の学生時代に知り合い、先輩後輩として親しくしていた間柄。内間が沖縄でお笑い事務所のオリジンに入ったのも、真栄田がそこで先に活動していたことがきっかけだった。真栄田も東京進出の意志があり、東京での所属事務所をどうしたらいいか、という相談内容だった。

内間は、NSC出身の自分と組めば吉本興業の所属になれるはずだと伝えた。その時すでにお笑いをやめるつもりだったが、「最後にいいことをしよう」という内間なりののんびりした考えだった。だが真栄田の上京後、しばらくして二人で「スリムクラブ」のコンビを結成すると、どん底だった内間の芸人人生が大きく動き始めた。

人が選びそうにない決断を、彼は昔からあえてしていた？

内間がお笑いに興味を持ち始めたのは15歳の頃である。小学校低学年で彼の視力が低下したために、母親はテレビ裏のアンテナ線を引きちぎって見られなくした。視力が回復してようやく内間家でテレビの視聴が全面解禁されると、彼が魅了されたのがお笑いだった。

「バラエティーとか知らなくて、テレビで初めて見たのがダウンタウンさん。その時、俺が知っているお笑いじゃなくて、でーじ（とても）、クリエイティブな感じがして尊敬できたわけ。だけど、自分でやるとは、その時は思わなかった」

以後、リビングのテレビ前で、ダウンタウンの番組を録りためたビデオテープを何度も見返す彼の姿があった。笑い転げるというより、何が面白いのか考え込む様子で。

破天荒で行動制限の多かった母親の子育てにより、自分の感情を抑え込む癖が付いたと、彼は後にたびたび明かしている。だが、少年時代や、大学卒業後に沖縄を離れるまでの彼は、そういった環境の中でも、自分の興味や感情に沿った行動を努めて取ろうとしていたように家族の目には映る。小学生の頃は、本屋で時間を忘れるように漫画を立ち読みしていたし、将棋教室や少年野球チームでも活動していた。中学ではバスケットボール、高校以降も部活や、好きなバンドの音楽、洋服など、興味のあるものを試しては没頭する姿勢が見受けられた。

一方、周りが理解しがたい行動を取ることが時折あった。中学のバスケ部時代、彼はチームの主力だったにも関わらず、練習試合に出場したくなかった時に、アイスクリームを食べて腹を壊したと嘘をついてプレーを拒否し、監督の先生にひどく叱られた。さらに、中学最後の地区大会直前には、朝練後に部室でぐずぐずして教室へ行くのが遅れ、レギュラーをはく奪される罰を受けた。だが準決勝、決勝ではレギュラーに復帰して活躍し、優勝に貢献するなど、普段危うい顔を見せながら、大舞台で力を発揮する不思議なところがあった。部活動での成功体験は、彼の中に「自分は何か運がいい」という認識を芽生えさせた。それが大人になった後も、人生のお守り的存在になったとみられる。

高校以降も、予測不能な彼の行動は健在だった。中学のバスケで活躍しながら、高校では全くの未経験だったサッカー部に入ったのも周りを驚かせた。そして大学4年の時、彼は人生を方向付ける選択をする。就職活動で合同企業説明会へ行き、会場を半周ほど回ったところで興味が全く湧かず、「この状態で就職しても絶対面白くない。じゃあ、就職抜きで興味のあるものをやってみよう」と考えた。その時、頭に浮かんだのがお笑いだった。オリジンの新人オーディションの募集を知って応募し、それが全ての始まりとなった。

意識的なのか、あるいは感情を抑えられていた反動でそうなったのかは分からないが、彼は自分の感情に忠実であろうとし、そして、人が選びそうもない選択をあえてしているようだった。それらの行動の全てが、沖縄で全く売れていなかったにも関わらず突然東京へ行きお笑い活動を始めるという、一見、突拍子もない行動につながったように思える。

そして、オリジナリティーが生まれた

真栄田の上京後、二人はスリムクラブを結成し、活動を始めた。それまで内間がこだわっていたネタ作りを真栄田が担ったが、真栄田の独創的な笑いのファンだった内間は、全く抵抗はなかった。

コンビ結成から数年後には、吉本のオーディションに受かり、若手が出るライブに出演するようになった。軽妙で滑稽な会話のやりとりで展開する漫才に対し、二人が得意としたのは、キャラクターになりきって寸劇で物語を進めるコント。スリムクラブのネタの特徴である言葉選びのうまさと、奇人が凡人に絡む奇抜なストーリーによる笑いは観客にウケ、芸人の間でも存在感を増していった。ただ、ボケ役の真栄田に対し、内間はツッコミ役をうまくこなせず、苦悩した。彼が目指していたのは、他のうまいコンビに見られるような、ボケに対してテンポよく、鋭く激しく言葉を返す、いわゆるオーソドックスなツッコミだった。

「普段はそんな感じで喋らないのに、あまりにもオーソドックスに、忠実にやろうとして、賢さんがウケても俺のツッコミで変な感じになって。相方のボケは強力だけど、内間はそばにいるだけで何しているの？という感じが嫌だったから、ガーガーやっていた気がする」

ある舞台でのコントの最中だった。真栄田が進行を突然止め、内間の両肩をつかんだ。

「内間、もうツッコまなくていいよ。普段、居酒屋で飲んでいるお前でいてくれ」

観客の前で恥ずかしかったが、それよりも中断したコントをどうするのか内間は困惑した。真栄田が仕切り直してボケたのに対し、内間は詰まり、だいぶ間《ま》を空けた後に言った。

自分の返しではそれまで経験したことのないような大爆笑が、観客から起きた。

「……そうなんですか？」

「誰かが話した後の雰囲気まで味わってくれというのは、それまでも賢さんに言われていて、もともと（セリフの掛け合いのあいだの）〝間〟はあったけど、それが武器だとは思っていなかった。自分の武器は別のものだと思い込んで違う方向に行っていたから、賢さんから、俺の名字に〝間〟の文字があることに掛けて、〝間〟は〝内間〟の〝間〟だろ、もう神様からの贈り物なんだよ、とよく言われたな」

独創的な真栄田のネタに、より強調された「間」と、ツッコむというより「正す」に近い内間の独特な返しが加わった。スリムクラブのオリジナリティーはさらに磨かれていき、二人の繰り出す笑いに対する観客の反応はどんどん良くなっていった。

手応えを感じた二人は、2010年、コントの最大の賞レースである「キングオブコント」に照準を定めた。だが準決勝で惜しくも敗退する。

「俺たちは漫才をしたことがあまりなくて、漫才が苦手だと思っていたからキングオブコントに懸けていたわけ。そしたら準決勝でかなりウケたのに、決勝進出できなかった。どうするか、となった時、〝M―1があるぞ〟と」

M―1とは、芸人なら誰もが一度は頂点を夢見る漫才の賞レース「M―1グランプリ」のこと。キングオブコントの敗退で落胆した二人だったが、次の可能性へ目を向けていた。コントのネタを漫才のネタに変えて臨んだM―1で彼らは勝ち上がり、ついに初の決勝進出を果たした。

2010年12月26日、生放送されていたM―1決勝の会場のテレビ朝日スタジオで、CM明けの登場に備え、二人は舞台裏のセットのエレベーター前で待機していた。真栄田の緊張は頂点に達していた。舞台前方では、二人が憧れるダウンタウンの松本人志らが審査員を務めていた。出演者はテレビでよく見るコンビばかりで、スリムクラブだけがほぼ無名だった。決勝の成否でその後の芸人人生が全く違うものになる。内間はその時、華やかな舞台が目に入り、幸せな気持ちが一気にあふれ出てきたという。真栄田の肩に自然と手を置き、話していた。

「今までありがとうございました。賢さん、今日、緊張してますよね。俺は絶好調です。舞台に立ったら、俺の顔だけ見ていてください。俺が、どんなボケでも笑いますんで」

大舞台に強い性格が顔をのぞかせた瞬間だった。その言葉によって落ち着けたと、後に真栄田は語っている。もっともその話には、内間がその発言の直後、舞台へ上がるエレベーターでつまずき転びそうになってしまったというオチもあるが……。

スリムクラブの漫才は、観客から驚きを含んだような笑いでもってウケにウケた。1本目の漫才の得点で彼らは上位3位に入り最終決戦へ進むと、2本目は、彼らの漫才中に観客から異例の拍手が沸き起こった。僅差での準優勝。真栄田はどこか安堵の表情を浮かべ、内間は大会終了後に言った。

「人生は素晴らしい！」

あの時の心境を内間は今、こう振り返る。

「やっぱりうれしさかな。報われたという気持ち。狙ってなかったところで（準優勝まで）行けたから、それもまた不思議な感じだったね」

苦しみの先に、得たもの

Ｍ―１で準優勝した二人は一躍、人気お笑いコンビとなり仕事が殺到した。誰もが知っているようなテレビの人気バラエティー番組に一通り出演し、休みがない状態は2年間ほど続いた。夢にまで見た光景のはずだった。ところが、内間はどんどん自信を失っていた。

「たとえば、パネラーとしてどう思いますか？と聞かれた時、何を喋っていいのか分からない。うまくいかせようとして自分で段取りを作りすぎて、話がぎこちなくなって喋れなくなる。俺に話を振らんでくれよ、という気持ちが強かったかな。ホントに何していいか分からない。でーじ、きつかった」

苦しさのあまり、仕事が終われば酒に逃げる日々が続いた。そんな中、真栄田と話し合い、お互い心に正直に生きていない部分があり、だから悩んでいるんだと気づいたという。自身の性格を形成した育ちや生活、心の持ちようも見返した。

「思っていることを言えばよかった。俺の場合〝やさしさ〟が求められていたから、ずっと笑っていたわけ。そしたら笑顔に集中するあまり何もしてないという。だからある意味、ロボット的な生き方になっていたと思う。相方によく言われるけど、本当に感情に素直になって喋ることだと思うよ」

正直な発言は、お笑いの面白さにつながるのか。素朴な疑問に、内間はきっぱり答えた。

「つながる。自分が面白いと思っているのを膨らませて出すとか、基本は自分の中にあるものを出さないと無理。見ている人は鋭いから、嘘をついたらばれる。自分をさらけ出すのが怖いのは、お客さんを怖いと思ったりするから。なんで自分がそう思うのか立ち返ったら、記憶に残っているものがあるからで、あ、俺が勝手に思い込んでいたなとか気づいて。それを外していったら人に甘えられる。やっぱり人に甘えることができないと、自然な生き方にはならないと思うよ」

それからは徐々に、テレビの収録などでしっくりくるのを感じるようになったという。一人でロケへ行き、「今までならこんなに喋らなかったのに、喋れるようになった」と感じることも増えた。全く喋らない内間が、走っている女性を突然追いかけるという、内間の持つ雰囲気の面白さを生かした仕事も来るようになった。内間はこの頃を振り返る。

「周りに助けられ、ありがたかったな」

ようやく光が見えてきていた2019年、試練がまた襲ってきた。吉本などの芸人らが所属会社を通さずに受けた過去の仕事で反社会的勢力がかかわっていたことが判明した、いわゆる「闇営業問題」である。スリムクラブも16年に飲食店オーナーの誕生会に呼ばれて営業に行き、その場に暴力団関係者が参加していたことが明らかになった。二人はそのことを知らなかったと吉本に説明し、無期限謹慎処分を受けた。テレビや週刊誌などで、この問題が大きく報じられ、彼らはバッシングを受けた。

「初めはなぜ自分がこんな目にという思いもあったけど、行ったのは俺だし、会社にも迷惑をかけた。で、自分の中に行く理由があったんだなと思った。その時は遊ぶお金が少しでも欲しかった。ちんけなことをしていたんだよな。コソコソする自分がいた」

約2カ月後に処分が解け、テレビに映った二人は、どこかふっきれた表情をしていた。謹慎中、先輩芸人らから物品の支援があり、中には自宅へ直接届けてくれた者もいた。ほかにも、多くの芸人仲間から励ましの声をもらった。「これほど助けてくれるんだ」と内間は愛を感じたという。そういう仲間たちに支えられてきたことも大きかった。しばらくして、沖縄の劇場のライブにも出演した。スリムクラブらしいゆったりとした笑いを展開し、真栄田はそこでも、内間の感情を解放させようと働きかけていた。

変わらない、ひたむきな彼らの姿があった。

「相方に怒られるかもしれないけど、一生芸人をやるかは分からん。その時々の自分の感じ方があると思うわけ。だから絶対にこれだけっていうのは分からんし、決めてもない」

将来について語る口調はやっぱりのんびりだが、どこか強さも感じられた。25歳で上京し、大きな成果も挙げた。そんな彼にとって、夢や目標を達成するために大切なことは何か。

「自分を信用することかな。自分が好きなものを素直に自分に教えてあげること。外からいっぱいアドバイスを受けると思うけど、それを自分が本当にやりたければやればいいし、何か違うと思ったらその気持ちを大事にした方がいい。何が違うんだろう、と考える。自分がなぜそう思うのか、その意味に向き合えば、一歩目の行動が変わってくる」

沖縄にいた頃、時に大胆でお調子者だった青年が、お笑いを通して自分の負の部分と向き合い続け、たくましく、大きく成長した姿がそこにあった。

内間政成 回顧録

「大きな成果を挙げる」ために必要な要素って何なんだろうと、内間政成さんへのインタビューを通して深く考えさせられた。彼は僕の兄である。

幼い頃から彼は、自宅で口数が多い子ではなかった。だが、彼が思春期になり、友達と電話でお喋りしているのが聞こえるようになると（内容は忘れたが）、自室で僕は体を震わせて必死で笑いをこらえていたのを覚えている。彼は面白い人だった。だから、本格的にお笑いの活動をし、彼が観客から笑いを取れないのを目の当たりにした時、僕は人を笑わせるのがいかに難しいかを理解した。観客から狙って何度も笑いを引き出している他の芸人たちが、実はものすごく高度なことをしているのだと知った。

そんなことを思い返すと、ますます疑問に思えてきた。人を笑わせる技術がある人はごまんといるはずなのに、なぜ彼が、芸人であれば誰もが夢見るＭ―１の優勝へ、相方の真栄田賢さんと限りなく近づき、それから10年以上が経過した今も活動の場を全国に置いて、芸人として生き残っていられるのか、その理由を知りたかった。

圧倒的で、極めて独創的な発想力と、それを形にする強い意志を持つ相方の真栄田さんの存在が大きいことは言うまでもないが、それでも、沖縄のお笑いライブでスベり続けていた25歳の彼が、東京へ行こうと思わなかったら、そして実際に行動に移さなかったら、さらには相方とコンビを組まなかったら、今のスリムクラブがなかったのも事実である。

「能力」や「運」も、何か大きな成果を挙げる時には必要かもしれないが、何より大事なのは、「恐れずに飛び込んでいくこと」なのかもしれない。彼を見ているとそう強く思う。

彼は幼い頃から、周りの空気を読まない、どこかマイペースなところがあった。たとえば、いとこ同士で野球をして遊んでいても、漫画が読みたくなると、自分だけそれに没頭した。父親に入れられたスイミングスクールへ通うのが嫌で、母親と約束した時間になっても小学校から帰ってこなかった。料理の手伝いなどしたことがないくせに、突然クッキーの作り方を調べてオーブンで焼いていたこともある。中学のバスケ部で活躍しながら、高校は全くの未経験のサッカー部に入った。大学受験では、芸術活動の経験がないのにいきなり東京工芸大学を受験した。そして琉球大学ではソフトボール部に入り、4年生の時に就職活動をやめ、お笑い活動を始めた。

彼は可能な限り、自分の感情に忠実に、好奇心を試そうと動いていたように思う。いきなり思いつきで上京したように見えるが、そこに至る伏線は幾つもあったのだ。

日頃は、常に相方に支えられているようだが、M—1決勝などの大舞台では逆に相方を勇気づけるようなところもある。彼が本来持つ純粋さに加え、肝が据わったところがあることも、彼が人の縁に恵まれる要因なのかもしれない。

彼をインタビューすることを、僕は少々恐れていた。幼い頃から事あるごとに彼をうらやましく思っていた。学校の成績でも何でも、日頃は自分の方が少しだけ上回っていたはずなのに、大きな成果を挙げるのは決まって彼だった。僕は彼を尊敬しながらも、どこかでずっと嫉妬していた。だから、インタビューをやりたいような、やりたくないような妙な気持ちだった。しかし彼からあらためて話を聞いて、同じ環境に育ちながら自分との違いがよく分かった。感情に素直に、恐れず行動することが、僕にはもっと必要だったのだ。

話を聞き終え、彼への感謝の気持ちが湧いていた。インタビュー前にあった恐れが、すっかり消えていた。

おわりに

２０１８年5月から始めた僕の仕事インタビューは、約5年半で22人の方々にお会いさせていただき、貴重な話をうかがうことができた。その内容は、沖縄の雑誌『モモト』で「輝く人の仕事道」という連載企画で掲載され、今回、その一部について記事のスタイルを変え、大幅に加筆して書籍に掲載した。

僕は新聞記者時代、劣等感の塊だった。何年たってもうまくメモが取れない、話を引き出すのがヘタ、理解するスピードは人一倍遅い……。今回も、それらの課題を常に感じながらのインタビューだった。しかし、時間がかかってもいいから、インタビューイの方々の、体験に基づく貴重な言葉の数々を少しも素通りさせてしまわないよう、録音したインタビューを一言一句、文字に起こし、何度も読み返すことを徹底した。すると、インタビューイの話の全体像がより詳しく把握できるようになり、さらには、その方々の考え方が僕の体の中に自然と染み入るのを感じてきたのである。

新聞記者時代同様、今回も原稿執筆で苦しんだ。原稿1本の文字数が、普通の新聞記事より極めて多かったことから、まとめる苦しさは僕にとって尋常ではなかった。早く書き進めたくて中途半端な書き方をしてしまいそうになった時、「あたりさわりのない歌詞で満足なのか？」という比嘉栄昇さんの言葉が頭に浮かんできた。ほかにも、人見知りである僕が、初めて連絡を取る方へのインタビューの依頼で怖気づきそうになった時には、豊川明佳さんの「ちょっとでも怖いことがあったら突撃する」という姿勢を思い出した。人の心に響く読み物が書けるライターになりたいと願いつつ、収入が少なくどこか胸を張れない状態でインタビューしている自分にふと、白けそうになった時、安里幸男さんの「笑われてもいいから高い目標を立てることが大事」、金原亭杏寿さんの「やらない方が後悔する」、金城拓真さんの「寝食忘れるくらい一生懸命やったことって、そこで花開かなかったとしても違う所で花開くと思う」などの言葉を思い出していた。もちろん、そのほかの方々の言葉も含め、日常のさまざまな場面でそれらを思い出し、強烈に励まされていた。インタビューを重ね、気がつけば、僕の中に人生を後押しする大きな財産が備わっているのを実感した。

今回、書籍ではページ数の関係上、掲載できなかった方々も含めて、インタビューに応じてくださった全ての方々に対して本当に大きな感謝の気持ちでいっぱいです。

そして、この本を読んでくださった方々が、仕事で輝く人々の汗と涙が感じられる奮闘の歩みから、大きな刺激と勇気を得てほしいと願ってやまない。

仕事に関するインタビューを始めた日付を確認しようと、メールをさかのぼっていたら、神奈川県で、僕が最初にインタビューした、ウルトラシリーズのシナリオライターの上原正三さんとのやりとりが出てきた。「定職を捨てフリーになったのだから迷いは禁物です。わが道を征く。自分が求めるものを求め、それを文章にする。たとえ一行でも書ける幸せを噛みしめて下さい」との上原さんの言葉があった。その後、

2020年にご病気で亡くなられた上原さんに心からお礼を伝えたい。

会社を辞めて2024年で丸7年になり、今なお、収入を得る仕事については不安定なままだ。だが、ライターは生涯続けていく。それは決まった。その始まりの1冊をこうしてなんとかつくることができた。

最後になりますが、インタビューに応じてくださった皆様、出版でご協力くださった東洋企画印刷様、そして、遅筆な僕を忍耐強く、最後まで支えてくださったボーダーインク編集者の喜納えりか様に感謝申し上げます。そして、いつでも見守り励まし支えてくれた家族へも感謝申し上げます。

2024年4月、内間健友

参考文献

金城拓真『「世界」で働く。アフリカで起業し、50社を経営する僕が大切にしていること』日本実業出版社、2016
金城拓真『世界へはみ出す——日本でダメなら、海外へ行く。』ディスカヴァー・トゥエンティワン、2013
石川直貴『プータロー、アフリカで300億円、稼ぐ! 25歳無職の男が4年で年商300億』マガジンハウス、2012
知念美加子『STYLIST MIKAKO CHINEN FASHION BOOK』セブン&アイ出版、2016
山城知佳子作、東京都写真美術館編『山城知佳子 リフレーミング Yamashiro Chikako: Reframing the land/mind/body-scape』水声社、2021
浅沼敬子編『循環する世界 山城知佳子の芸術』ユミコチバアソシエイツ、2016

撮影者一覧(かっこ内は話者名、敬称略)

川畑公平(金原亭杏寿・豊川明佳・金城拓真)
伊禮元貴(安里幸男・仲村秀一朗・知念美加子・内間政成)
水野暁子(比嘉栄昇)
江藤海彦(山城知佳子)
大湾朝太郎(中村亮)
内間健友(知念実希人・狩俣日姫・玉城美香)

内間《うちま》 健友《けんゆう》

1978年、那覇市出身。琉球大学法文学部人間科学科マスコミコース卒業後、2003年、琉球新報社に入社。主に社会部、政治部記者を務める。2017年に退社後は、フリーライターとして、沖縄の雑誌『モモト』などに関わる。2023年、『日本バスケの革命と言われた男』（安里幸男著）の文章を共同で担当する。

14年勤めた会社をやめて
〝働く〟〝生きる〟を聞いてきた。

2024年4月15日　初版第一刷発行

著　者　内間　健友
発行者　池宮　紀子
発行所　（有）ボーダーインク
〒902-0076　沖縄県那覇市与儀226-3
tel.098（835）2777　fax.098（835）2840
印刷所　東洋企画印刷